湖山艺丛

趣味主义

梁启超 著

浙江人民美术出版社

目 录

- 1 　艺术是情感教育最大的利器
- 5 　美术与科学
- 15 　美术与生活
- 23 　书法是最优美、最便利的娱乐工具
- 29 　书法在美术上的价值
- 39 　孔子之人格
- 49 　"知不可而为"主义与"为而不有"主义
- 67 　趣味教育与教育趣味
- 79 　学问之趣味
- 87 　敬业与乐业
- 95 　为学与做人
- 107 　我们的精神所在
- 117 　我的人生观

梁启超先生

艺术是情感教育最大的利器

天下最神圣的莫过于情感。用理解来引导人，顶多能叫人知道哪件事应该做，哪件事怎样做法，却是与被引导的人到底去做不去做，没有什么关系。有时所知的越发多，所做的倒越发少。用情感来激发人，好像磁力吸铁一般，有多大分量的磁，便引多大分量的铁，丝毫容不得躲闪，所以情感这样东西，可以说是一种催眠术，是人类一切动作的原动力。

情感的性质是本能的，但它的力量，能引人到超本能的境界；情感的性质是现在的，但它的力量，能引人到超现在的境界。我们想入到生命之奥，把我的思想行为和我的生命迸合为一，把我的生命和宇宙和众生迸合为一；除却通过情感这一个关门，别无他路。所以情感是宇宙间一种大秘密。

情感的作用固然是神圣，但它的本质不能说它都是善的都是美的。它也有很恶的方面，它也有很丑的方面。它是盲目的，到处乱碰乱迸，好起来好得可爱，坏起来也坏得可怕。所以古来大宗教家大教育家，都最注意情感的陶养，老实说，是把情感教育放在第一位。情感教育的目的，不外将情感善的美的方面尽量发挥，把那恶的丑的方面渐渐压伏淘汰下去。这种功夫做得一分，便是人类一分的进步。

情感教育最大的利器，就是艺术。音乐、美术、文学这三件法宝，把"情感秘密"的钥匙都掌住了。艺术的权威，是把那霎时间便过去的情感，捉住它令它随时可以再现，是把艺术家自己"个性"的情感，打进别人们的"情阈"里头，在若干期间内占领了"他心"的位置。因为它有恁么大的权威，所以艺术家的责任很重，为功为罪，间不容发。艺术家认清楚自己的地位，就该知道：最要紧的工夫，是要修养自己的情感，极力往高洁纯挚的方面，向上提挈，向里体验，自己腔子里那一团优美的情感养足了，再用美妙的技术把它表现出来，这才不辱没了艺术的价值。

（节选自《中国韵文里头所表现的情感》，1922年3月25日完稿，清华学校文学社讲演稿，原刊《改造》1922年第4卷第6期、第8期）

美术与科学

稍为读过西洋史的人,都知道现代西洋文化,是从文艺复兴时代演进而来。现代文化根柢在哪里?不用我说,大家当然都知道是科学。然而文艺复兴主要的任务和最大的贡献,却是在美术。从表面看来,美术是情感的产物,科学是理性的产物。两件事很像不相容,为什么这位暖和和的阿特先生,会养出一位冷冰冰的赛因士儿子?其间因果关系,研究起来很有兴味。

美术所以能产生科学,全从"真美合一"的观念发生出来,他们觉得真即是美,又觉得真才是美,所以求美先从求真入手。文艺复兴的太祖高皇帝雷安那德·达温奇——就是画最有名的耶稣晚餐图那个人,谅来诸君都知道了,达温奇有几件故事,很有趣而且有价值。当时意大利某村乡,新发见得希腊人雕刻的一尊温尼士女神裸体像,举国若狂的心醉其美,不久被基督教徒说是魔鬼,把她涂了脸凿了眼睛断了手脚丢在海里去了。达温奇和他几位同志,悄悄地到处发掘,又掘着第二尊。有一晚,他们关起大门,在那里赏玩他们的新发见品,被基督教徒侦探着,一大群人声势汹汹的破门而入。入进去看见达温奇干什么呢?他拿一根软条的尺子在那里量那石像的尺寸部位,一双眼对着那石像出神,简直像没有看见众人一般,把众人倒愣了。当时在场的人,有一位古典派美术家老辈梅尔拉,不以达温奇的举动为然。告诉他道:"美不是从计算产生出来的呀。"达温奇要理不理的,许久才答道:"不错,但我非知道我所要知的事情不肯干休。"有一回傍晚时候,天气十分惨淡,有一位年高望重的天主教神父,当众讲演,说:"世界末日快到了,基督立刻来审判我们了,赶紧忏悔啊,赶紧皈依啊。"说得肉飞神动,满场听众受了刺激,哭咧,叫咧,打嚏咧,磕头咧,闹得一团糟。达温奇有位高足弟子也在场,也被群众情感的浪卷去,觉得自己跟着这位魔鬼先生学,真是罪人,也叫起"耶稣救命"来,猛回头看见他先生却也在那边。在那边干什么呢?左手拿块画板,右手拿管笔,一双眼钉在那位老而且丑的神父脸上,正在画他呢。这两件故事,诸君听着好玩么。诸君啊,不要单作好玩看待,须知这便是美术和科学交通的一条秘密隧道。诸君以为达温奇光是一位美术家吗？不不，他还是一位大科学家。近代的生物学，是他"筚路蓝缕"地开辟出来。倘若生物学家有道统图，要推他当先圣周公，达尔文不过先师孔子罢了。他又会造飞机，又会造铁甲车船，现有他自己给米兰公爵的书信为证。诸君啊，你想当美术家吗？你想知道惊天动地的美术品怎样出来吗？请看达温奇。

我说了半天，还没有说到美术科学相沟通的本题，现在请亮开来说罢。密斯忒阿特、密斯忒赛因士，他们哥儿俩，有一位共同的娘，娘什么名字？叫作密斯士奈渣，翻成中国话，叫作"自然夫人"。问美术的关键在哪里？限我只准拿一句话回答，我便毫不踌躇地答道："观察自然。"问科学的关键在哪里？限我只准拿一句话回答，我也毫不踌躇地答道："观察自然。"向来我们人类，虽然和"自然"耳鬓厮磨，但总是"鱼相忘于江湖"的样子，一直到文艺复兴以后，才算把这位积年老伙计认识了。认识过后，便一口咬住，不肯放松，硬要在他身上还出我们下半世的荣华快乐。哈哈！果然他老人家葫芦里法宝，被我们搜出来了，一件是美术，一件是科学。

认识自然，不是容易的事，第一件要你肯观察，第二件还要你会观察。粗心固然观察不出，不能说仔细便观察得出。笨伯固然观察不出，弄聪明有时越发观察不出。观察的条件，头一桩，是要对于所观察的对象有十二分兴味，用全副精神注在它上头，像庄子讲的承蜩丈人"虽天地之大万物之多，而惟吾蜩翼之知"。第二桩要取纯客观的态度，不许有丝毫主观的僻见搀在里头，若有一点，所观察的便会走了样子了。达温奇还有一幅名画叫作莫那利沙。莫那利沙，就是达温奇爱恋的美人。相传画那一点微笑，画了四年。他自己说，虽然恋爱极热，始终却是拿极冷酷的客观态度去画她。要而言之，热心和冷脑相吉合是创造第一流艺术品的主要条件。换个方面看来，岂不又是科学成立的主要条件吗？

真正的艺术作品，最要紧的是描写出事物的特性，然而特性各各不同，非一番分析的观察工夫不可。莫泊三的先生教他作文，叫他看十个车夫，做十篇文来写他，每篇限一百字。晚餐图里头的基督，何以确是基督，不是基督的徒，十二门徒中，何以彼得确是彼得，不是约翰，约翰确是约翰，不是犹大，犹大确是犹大，不是非卖主的余人。这种本领，全在同中观异,从寻常人不会注意的地方,找出各人情感的特色。这种分析精神,不又是科学成立的主要成分吗?

美术家的观察,不但以周遍精密的能事,最重要的是深刻。苏东坡述文与可论画竹的方法,说道:"画竹必先得成竹于胸中。执笔熟视,乃见其所欲画者。急起从之,振笔直遂,以追其所见,如兔起鹘落,少纵则逝矣。"这几句话,实能说出美术的密钥,美术家雕画一种事物,总要在未动工以前,先把那件事物的整个实在完全摄取,一攫攫住它的生命,霎时间和我的生命并合为一。这种境界,很含有神秘性。虽然可以说是在理性范围以外,然而非用锐入的观察法一直透入深处,也断断不能得这种境界。这种锐入观察法,也是促进科学的一种助力。

美术的任务,自然是在表情,但表情技能的应用,须有规律的组织,令各部分互相照应,相传五代时蜀主孟昶,藏一幅吴道子画钟馗,左手捉一个鬼,用右手第二指挖那鬼的眼睛。孟昶拿来给当时大画家黄筌看,说道:若用拇指,似更有力,请黄筌改正它。黄筌把画带回家去,废寝忘餐地看了几日，到底另画一本进呈。孟昶问他为什么不改，黄筌答道："道子所画，一身气力色貌，都在第二指，不在拇指，若把它改，便不成一件东西了。我这别本，一身气力，却都在拇指。"吴黄两幅画，可惜现在都失传，不能拿来比勘。但黄筌这番话，真是精到之极。我们看欧洲的名画名雕，也常常领略得一二。试想，画一个人，何以能全身气力，都赶到一个指头上，何以内行的人，一看便看得出来，那别部分的配置照应，当然有很严正的理法藏在里头，非有极明晰极致密的科学头脑恐怕画也画不成，看也看不到，这又是美术和科学不能分离的证据。

现在国内有志学问的人，都知道科学之重要，不能不说是学界极好的新气象，但还有一种误解，应该匡正，一般人总以为研究科学，必要先有一个极大的化验室，各种仪器具备，才能着手。化验室仪器，为研究科学最利便的工具，自无待言，但以为这种设备没有完成以前，就绝对的不能研究科学，那可大错了。须知仪器是科学的产物，科学不是仪器的产物。若说没有仪器便没有科学，试想欧洲没有仪器以前，科学怎么会跳出来？即如达温奇的时代，可有什么仪器呀，何以他能成为科学家不祧之祖？须知科学最大能事，不外善用你的五官和脑筋。五官脑筋，便是最复杂最灵妙的仪器。老实说一句，科学根本精神，全在养成观察力。养成观察力的法门，虽然很多，我想，没有比美术再直接了，因为美术家所以成功，全在观察"自然之美"。怎样才能看得出自然之美？最要紧是观察"自然之真"。能观察自然之真，不唯美术出来，连科学也出来了。所以美术可以算得科学的金钥匙。

  我对于美术、科学都是门外汉，论理很不该饶舌，但我从历史上看来，觉得这两桩事确有"相得益彰"的作用，贵校是唯一的国立美术学校，它的任务，不但在养成校内一时的美术人才，还要把美育的基础，筑造得巩固，把美育的效率，发挥得加大。校中职教员学生诸君，既负此绝大责任，那么，目前的修养和将来的传述，都要从远者大者着想。我希望诸君，常常提起精神，把自己的观察力养得十分致密、十分猛利、十分深刻，并把自己体验得来的观察方法，传与其人，令一般人都能领会都能应用。孟子说："能与人规矩，不能使人巧。"遵用好的方法，能否便成一位大艺术家，这是属于"巧"的方面，要看各人的天才，就美术教育的任务说，最要紧是给被教育的人一个"规矩",像中国旧话说的"可以意会,不可以言传"。那么,任凭各人乱碰上去也罢了,何必立这学校?若是拿几幅标本画临摹临摹,便算毕业,那么一个画匠犹为之,又何必借国家之力呢?我想国立美术学校的精神旨趣,当然不是如此,是要替美术界开辟出一条可以人人共由之路,而且令美术和别的学问可以相沟通相浚发,我希望中国将来有"科学化的美术",有"美术化的科学"。我这种希望的实现,就靠贵校诸君。

(1922年4月15日北京美术学校讲演稿,原刊《梁任公学术讲演集》,商务印书馆,1922年11月初版)

美术与生活

诸君！我是不懂美术的人，本来不配在此讲演。但我虽然不懂美术，却十分感觉美术之必要。好在今日在座诸君，和我同一样的门外汉谅也不少。我并不是和懂美术的人讲美术，我是专要和不懂美术的人讲美术。因为人类固然不能个个都做供给美术的"美术家"，然而不可不个个都做享用美术的"美术人"。

"美术人"这三个字是我杜撰的，谅来诸君听着很不顺耳。但我确信"美"是人类生活一要素——或者还是各种要素中之最要者，倘若在生活全内容中把"美"的成分抽出，恐怕便活得不自在甚至活不成！中国向来非不讲美术——而且还有很好的美术，但据多数人见解，总以为美术是一种奢侈品，从不肯和布帛菽粟一样看待，认为生活必需品之一。我觉得中国人生活之不能向上，大半由此。所以今日要标"美术与生活"这题，特和诸君商榷一回。

问人类生活于什么？我便一点不迟疑答道："生

活于趣味。"这句话虽然不敢说把生活全内容包举无遗，最少也算把生活根芽道出。人若活得无趣，恐怕不活着还好些，而且勉强活也活不下去。人怎样会活得无趣呢？第一种，我叫它做石缝的生活。挤得紧紧的没有丝毫开拓余地；又好像披枷带锁，永远走不出监牢一步。第二种，我叫它做沙漠的生活。干透了没有一毫润泽，板死了没有一毫变化；又好像蜡人一般，没有一点血色，又好像一株枯树，庾子山说的"此树婆娑，生意尽矣"。这种生活是否还能叫作生活，实属一个问题。所以我虽不敢说趣味便是生活，然而敢说没趣便不成生活。

趣味之必要既已如此，然则趣味之源泉在哪里呢？依我看有三种。

第一，对境之赏会与复现。人类任操何种卑下职业，任处何种烦劳境界，要之总有机会和自然之美相接触——所谓水流花放，云卷月明，美景良辰，赏心乐事。只要你在一刹那间领略出来，可以把一天的疲劳忽然恢复，把多少时的烦恼丢在九霄云外。倘若能把这些影像印在脑里头令它不时复现，每复现一回，亦可以发生与初次领略时同等或仅较差的效用。人类想在这种尘劳世界中得有趣味，这便是一条路。

第二，心态之抽出与印契。人类心理，凡遇着快乐的事，把快乐状态归拢一想，越想便越有味；或别人替我指点出来，我的快乐程度也增加。凡遇着苦痛的事，把苦痛倾筐倒箧吐露出来，或别人能够看出我苦痛替我说出，我的苦痛程度反会减少。不唯如此，看出说出别人的快乐，也增加我的快乐；替别人看出说出苦痛，也减少我的苦痛。这种道理，因为各人的心都有个微妙的所在，只要搔着痒处，便把微妙之门打开了。那种愉快，真是得未曾有，所以俗话叫作"开心"。我们要求趣味，这又是一条路。

第三，他界之冥构与蓦进。对于现在环境不满，是人类普通心理，其所以能进化者亦在此。就令没有什么不满，然而在同一环境之下生活久了，自然也会生厌。不满尽管不满，生厌尽管生厌，然而脱离不掉它，这便是苦恼根源。然则怎样救济法呢？肉体上的生活，虽然被现实的环境捆死了，精神上的生活，却常常对于环境宣告独立。或想到将来希望如何如何，或想到别个世界例如文学家的桃源、哲学家的乌托邦、宗教家的天堂净土如何如何，忽然间超越现实界闯入理想界去，便是那人的自由天地。我们欲求趣味，这又是一条路。

这三种趣味，无论何人都会发动的。但因各人感觉机关用得熟与不熟，以及外界帮助引起的机会有无多少，于是趣味享用之程度，生出无量差别。感觉器官敏则趣味增，感觉器官钝则趣味减；诱发机缘多则趣味强，诱发机缘少则趣味弱。专从事诱发以刺戟各人器官不使钝的有三种利器：一是文学，二是音乐，三是美术。

今专从美术讲：美术中最主要的一派，是描写自然之美，常常把我们所曾经赏会或像是曾经赏会的都复现出来。我们过去赏会的影子印在脑中，因时间之经过渐渐淡下去，终必有不能复现之一日，趣味也跟着消灭了。一幅名画在此，看一回便复现一回，这画存在，我的趣味便永远存在。不唯如此，还有许多我们从前不注意赏会不出的，他都写出来指导我们赏会的路，我们多看几次，便懂得赏会方法，往后碰着种种美境，我们也增加许多赏会资料了，这是美术给我们趣味的第一件。

美术中有刻画心态的一派，把人的心理看穿了，喜怒哀乐，都活跃在纸上。本来是日常习见的事，但因他写得惟妙惟肖,便不知不觉间把我们的心弦拨动,我快乐时看他便增加快乐,我苦痛时看他便减少苦痛,这是美术给我们趣味的第二件。

美术中有不写实境实态而纯凭理想构造成的。有时我们想构一境,自觉模糊断续不能构成,被他都替我表现了。而且他所构的境界种种色色有许多为我们所万想不到;而且他所构的境界优美高尚,能把我们卑下平凡的境界压下去。他有魔力,能引我们跟着他走,闯进他所到之地。我们看他的作品时,便和他同住一个超越的自由天地,这是美术给我们趣味的第三件。

要而论之,审美本能,是我们人人都有的。但感觉器官不常用或不会用,久而久之,麻木了。一个人麻木,那人便成了没趣的人。一民族麻木,那民族便成了没趣的民族。美术的功用,在把这种麻木状态恢复过来,令没趣变为有趣。换句话说,是把那渐渐坏掉了的爱美胃口,替他复原,令他常常吸收趣味的营养,以维持增进自己的生活康健。明白这种道理,便知美术这样东西在人类文化系统上该占何等位置了。

以上是专就一般人说。若就美术家自身说,他们的趣味生活,自然更与众不同了。他们的美感,比我们锐敏若干倍,正如《牡丹亭》说的"我常一生儿爱好是天然"。我们领略不着的趣味,他们都能领略。领略够了,终把些唾余分赠我们。分赠了我们,他们自己并没有一毫破费,正如老子说的"既以为人己愈有,既以与人己愈多"。假使"人生生活于趣味"这句话不错,他们的生活真是理想生活了。

今日的中国,一方面要多出些供给美术的美术家,一方面要普及养成享用美术的美术人。这两件事都是美术专门学校的责任。然而该怎样的督促、赞助美术专门学校叫它完成这责任,又是教育界乃至一般市民的责任。我希望海内美术大家和我们不懂美术的门外汉各尽责任做去。

(1922年8月13日上海美术专门学校讲演稿,原刊1922年8月15日《时事新报·学灯》)

书法是最优美、最便利的娱乐工具

凡人必定要有娱乐。在正当的工作及研究学问以外，换一换空气，找点娱乐品，精神才提得起来。假使全是义务工作，生活一定干燥、厌烦、无味。有一两样或者两三样娱乐品，调剂一下，生活就有趣味多了。

娱乐的工具很多，譬如喝酒、打牌、下棋、唱歌、听戏、弹琴、绘画、吟诗，都是娱乐，各有各的好处。但是要在各种娱乐之中，选择一种最优美最便利的娱乐工具，我的意见——亦许是偏见，以为要算写字。写字有好几种优美便利处。

一、可以独乐。一人不饮酒，二人不打牌。唱歌听戏，要聚合多人，才有意思。就是下棋，最少也要两个人。单有一个人，那是乐不成的。唯有写字，不管人多人少，同乐亦可，独乐亦可，最为便利，不必一定要有同伴。

二、不择时，不择地。打球必定要球场，听戏必定要戏园，而且要天气好，又要有一定的时候。其他各种娱乐皆然，多少总有点限制。唯有写字，不择时候，不择地方，早上可以，晚上亦可以，户内可以，户外亦可以，只需桌子笔墨，随时随地，可以娱乐，非常的自由。

三、费钱不多。奏音乐要买钢琴，要买瓌瑰玲，价钱都很贵，差不多的人不愿买。唯有写字，不须设备，有相当的纸墨笔就可以。墨笔最贵不过一两元钱，写得好，可以写几个月。纸更便易，几角钱，可以买许多。无论多穷，亦玩得起。

四、费时间不多。打牌绘画，都很费时间。牌除非不打，一打起码四圈，有时打到整天整夜。作画画得好，要五日一山，十日一水。唯有写字，一两点钟可以，一二十分钟亦可以，有机会，有工夫，提笔就写，不费多少时间。

五、费精神不多。作诗固然快乐，但是很费脑力，如古人所谓"吟成五个字，捻断数根须"，非呕心镂血，不易作好；下棋亦然，古人常说："长日惟消一局棋。"你想那是何等的费事。唯有写字，在用心不用心之间，脑筋并不劳碌。

六、成功容易而有比较。学画很难学会，成就一个画家，尤为难上加难。唱歌比较容易一点，但是进步与否，无法比较，昨日的声音，今日追不回来。唯有写字，每天几页，有成绩可见，上月可以同下月比较，十年之前可以同十年之后比较，随时进步，自然随时快乐。

七、收摄身心。每天有许多工作，或劳心，或劳力，作完以后，心力交瘁，精神游移，身体亦异常疲倦。唯有写字，在注意不注意之间，略为写几页，收摄精神，到一个静穆的境界，身心自然觉得安泰舒畅。所以要想收摄身心，写字是一个最好的法子。

依我看来，写字虽不是第一项的娱乐，然不失为第一等的娱乐。写字的性质，是静的，不是动的，与打球唱歌不同。喜欢静的人，觉得兴味浓深；喜欢动的人，亦应当拿来调剂一下。起初虽快乐略小，往后一天天的快乐就大起来了。

以写字作为娱乐的工具，有这么许多好处，所以中国先辈，凡有高尚人格的人，大半都喜欢写字。如像曾文正、李文忠，差不多每天都写，虽当军书旁午，亦不间断。曾文正无论公务如何忙碌，每一兴到，非写不可。李文忠事事学曾，旁的赶他不上，而规定时刻，日常写字，同曾一样。这种娱乐，又优美，又便利，要我来讲，不由我不高兴。

(1927年清华学校教职员书法研究会讲演稿，周传儒笔记)

书法在美术上的价值

爱美是人类的天性，美术是人类文化的结晶，所以凡看一国文化的高低，可以由它的美术表现出来。美术，世界所公认的为图画、雕刻、建筑三种。中国于这三种之外，还有一种，就是写字。外国人写字，亦有好坏的区别，但是以写字作为美术看待，可以说绝对没有。因为所用工具不同，用毛笔可以讲美术，用钢笔铅笔，只能讲便利。中国写字有特别的工具，就成为特别的美术。

写字比旁的美术不同，而仍可以称为美术的原因，约有四点。

一、线的美。这种美的要素，欧美艺术家，讲究得极为精细。做张椅子，也要看长短、疏密、粗细、弯直，做得好就美，做得不好就不美。线的美，在美术中，为最高等，不靠旁物的陪衬，专靠本身的排列。譬如一个美人，专讲涂脂傅粉，只能算第二三等角色，要五官端正，身材匀称，才算头等角色。假如鼻大眼小，那就是丑，五官凑在一块，亦是丑。真正的美，在骨骼的摆布，四平八稳，到处相称。在真美中,线最重要。西洋美术,最讲究线。

黑白相称,如电灯照出来一样,这种美术,以前不发达,近来才发达。这种美术,最能表示线的美,而且以线为主。写字就是要黑白相称。同是天地玄黄几个字,王羲之这样写,我们亦这样写,他写得好,我们写得丑,就是他的字黑白相称,我们的字黑白不相称。向来写字的人,最主要的,有一句话:"计白当黑。"写字的时候,先计算白的地方,然后把黑的笔画嵌上去,一方面从白的地方看美,一方面从黑的地方看美。

一个字的解剖,要计白当黑。一行字、一幅字,全部分的组织,亦要计白当黑。譬如方才讲的天地玄黄几个字,王羲之摆得好,我们摆得不好。但是让王羲之写天字,欧阳询写地字,颜鲁公写玄字,苏东坡写黄字,合在一起,一定不好。因为大家下笔不同,计算黑白不同,所以混合起来,就不美了。线的美,固然要字字计算,同时又要全部计算。

做椅子如此,写字如此,全屋子的摆设,亦是如此。譬如这间屋子,本来是宴会厅,现在暂时作为讲演室,桌子椅子,横七竖八地凑在一起,就不

清風明月不論價

紅樹青山合有詩

頌蓮仁兄雅屬

丙寅三月 梁啟超

梁启超　楷书七言联

美了,因为线的排列不好。真的美,一部分的线,要妥帖,全部分的线,亦要妥帖。如果绘画,要用很多的线,表示最高的美。字不比画,只需几笔,也就可以表示最高的美了。

二、光的美。绘画要调颜色,红绿相间,才能算美。就是墨笔画,不用颜色,但是亦有浓淡,才能算美。写字这件事,说来奇怪,不必颜色,不必浓淡,就是墨,而且很匀称的墨,就可以表现美出来。写得好的字,墨光浮在纸上,看去很有精神。好的手笔,好的墨汁,几百年,几千年,墨光还是浮起来的。这种美,就叫着光的美。

西洋的画,亦讲究光,很带一点神秘性。对于看画,我自己是外行,实在不容易分出好坏。但是也曾被人指点过,说某幅有光,某幅无光。我自己虽不大懂,总觉得号称有光那几幅,真是光彩动人。不过西洋画所谓有光,或者因为颜色,或者因为浓淡,那是自然的结果。中国的字,黑白两色相间,光线即能浮出。在美术界类似这样的东西,恐怕很少。

三、力的美。写字完全仗笔力,笔力的有无,断定字的好坏。而笔力的有无,一写下去,立刻可以看出来。旁的美术，可以填，可以改。如像图画，先打底稿，再画，画得不对再改。油画，尤其可以改，先画一幅人物，在上面可以改一幅山水。如像雕刻，虽亦看腕力，然亦可改，并不是一下去就不动。建筑，更可以改，建得不美，撤了再建。无论何美术，或描或填或改，总可以设法补救。

写字，一笔下去，好就好，糟就糟，不能填，不能改，愈填愈笨，愈改愈丑。顺势而下，一气呵成，最能表现真力。有力量的飞动、遒劲、活跃，没有力量的呆板、萎靡、迟钝。我们看一幅画，不易看出作者的笔力。我们看一幅字，有力无力，很容易鉴别。纵然你能模仿，亦只能模仿形式，不能模仿笔力；只能说学得像，不容易说学得一样的有力。

四、个性的表现。美术有一种要素，就是表现个性。个性的表现，各种美术都可以。即如图画、雕刻、建筑，无不有个性存乎其中。但是表现得最亲切，最真实，莫如写字。前人曾说："言为心声，字为心画。"这两句话，的确不错。放荡的人，说话放荡，写字亦放荡；拘谨的人，说话拘谨，写字亦拘谨。一点不能做作，不能勉强。

荷扇夏涼綠衣持節

聚裳仁弟索書

杏烘春畫紅粉鬪粧

梁啟超

旁的可假，字不可假。一个人有一个人的笔迹，旁人无论如何模仿不来。不必要毛笔，才可以认笔迹，就是钢笔铅笔，亦可以认笔迹，是谁写的，一看就知道。因为各人个性不同，所以写出来的字，也就不同了。美术一种要素，是在发挥个性。而发挥个性最真确的，莫如写字。如果说能够表现个性，就是最高美术，那么各种美术，以写字为最高。

写字有线的美，光的美，力的美，表现个性的美，在美术上，价值很大。或者因为我喜欢写字，有这种偏好，所以说各种美术之中，以写字为最高。旁的所没有的优点，写字有之；旁的所不能表现的，写字能表现出来。

(1927年清华学校教职员书法研究会讲演稿，周传儒笔记)

孔子之人格

我屡说孔学专在养成人格。凡讲人格教育的人，最要紧是以身作则，然后感化力才大。所以我们要研究孔子的人格。

孔子的人格，在平淡无奇中现出他的伟大，其不可及处在此，其可学处亦在此。前面曾讲过，孔子出身甚微。《史记》说："孔子贫且贱。"他自己亦说吾少也贱。（孟子说孔子为委吏，乘田皆为贫而仕。）以一个异国流寓之人，而且少孤，幼年的穷苦可想，所以孔子的境遇，很像现今的苦学生，绝无倚靠，绝无师承，全恃自己锻炼自己，渐渐锻成这么伟大的人格。我们读释迦、基督、墨子诸圣哲的传记，固然敬仰他的为人，但总觉得有许多地方，是我们万万学不到的。唯有孔子，他一生所言所行，都是人类生活范围内极亲切有味的庸言庸行，只要努力学他，人人都学得到。孔子之所以伟大就在此。

近世心理学家说，人性分智（理智）、情（情感）、意（意志）三方面。伦理学家说，人类的良心，不外由这三方面发动。但各人各有所偏，三者调和极难。我说，孔子是把这三件调和得非常圆满，而且他的调和方法，确是可模可范。孔子说："知仁勇三者，天下之达德。"又说："知者不惑，仁者不忧，勇者不惧。"知，就是理智的作用；仁，就是情感的作用；勇，就是意志的作用。我们试从这三方面分头观察孔子。

（甲）孔子之知的生活。孔子是个理智极发达的人。无待喋喋，观前文所胪列的学说，便知梗概。但他的理智，全是从下学上达得来。试读《论语》"吾十有五"一章，逐渐进步的阶段，历历可见。他说："我非生而知之者，好古敏以求之者也。"又说："十室之邑，必有忠信如丘者焉，不如丘之好学也。"可见孔子并不是有高不可攀的聪明智慧。他的资质，原只是和我们一样；他的学问，却全由勤苦积累得来。他又说："君子食无求饱，居无求安，敏于事而慎于言，就有道而正焉。可谓好学也已矣。"解释"好学"的意义，是不贪安逸，少讲闲话、多做实事，常常向先辈请教，这都是最结实的为学方法。他遇有可以增长学问的机会，从不肯放过。郯子来朝便向他问官制。在齐国遇见师襄，便向他学琴。入到太庙，便每事问。那一种遇事留心的精神，可以想见。他说："学如不及，犹恐失之。"又说："学之不讲，是吾忧也。"可见他真是以学问为性命，终身不肯抛弃。他见老子时，大约五十岁了，各书记他们许多问答的话，虽不可尽信，但他虚受的热忱，真是少有了。他晚年读易韦编三绝，还恨不得多活几年好加功研究。他的《春秋》，就是临终那一两年才著成。这些事绩，随便举一两件，都可以鼓励后人向学的勇气。像我们在学堂毕业，就说我学问完成，比起孔子来，真要愧死了。他自己说"其为人也，发愤忘食，乐以忘忧，不知老之将至"云尔。可见他从十五岁到七十三岁，无时无刻不在学问之中。他在理智方面，能发达到这般圆满，全是为此。

（乙）孔子之情的生活。凡理智发达的人，头脑总是冷静的，往往对于世事，作一种冷酷无情的待遇，而且这一类人，生活都会单调性，凡事缺乏趣味。孔子却不然。他是个最富于同情心的人，而且情感很易触动。子食于有丧者之侧，未尝饱也；子见齐衰者，虽狎必变，凶服必式之。可见他对于人之死亡，无论识与不识，皆起恻隐，有时还像神经过敏。朋友死，无所归。子曰："于我殡。"孔子之卫，遇旧馆人之丧，入而哭之，一哀而出涕。颜渊死，子哭之恸。这些地方，都可证明孔子是一位多血多泪的人。孔子既如此一往情深，所以哀民生之多艰，日日尽心，欲图救济。当时厌世主义盛行，《论语》所载避地避世的人很不少。那长沮说："滔滔者，天下皆是也。而谁与易之？"孔子却说："鸟兽不可与同群，吾非斯人之徒与而谁与？天下有道，丘不与易也。"可见孔子栖栖惶惶，不但是为义务观念所驱，实从人类相互间情感发生出热力来。那晨门虽和孔子不同道，他说"是知其不可而为之者与"，实能传出孔子心事。像《论语》所记那一班隐者，理智方面都很透亮，只是情感的发达，不及孔子（像屈原一流情感又过度发达了）。

孔子对于美的情感极旺盛，他论韶、武两种乐，就拿尽美和尽善对举。一部《易传》，说美的地方甚多（如乾之以美利利天下，如坤之美在其中），他是常常玩领自然之美，从这里头，得着人生的趣味。所以他说："天何言哉？四时行焉，百物生焉。天何言哉！"说："知者乐水，仁者乐山"。前面讲的孔子赞《易》全是效法自然，就是这个意思。曾点言志，说"浴乎沂,风乎舞雩,咏而归"。孔子喟然叹曰:"吾与点也。"为什么叹美曾点,为他的美感,能唤起人趣味生活。孔子这种趣味生活,看他笃嗜音乐,最能证明。在齐闻韶,闹到三月不知肉味,他老先生不是成了戏迷吗?子于是日哭,则不歌。可见他除了有特别哀痛时,每日总是曲子不离口了。子与人歌而善,必使反之而后和之,可见他最爱与人同乐。孔子因为认趣味为人生要件,所以说:"不亦说乎?不亦乐乎?"说"乐以忘忧",说"知之者不如好之者,好之者不如乐之者"。一个"乐"字,就是他老先生自得的学问。我们从前以为他是一位干燥无味、方严可惮的道学先生,谁知不然。他最喜欢带着学生游泰山、游舞雩,有时还和学生开玩笑呢!(夫子莞尔而笑……前言戏之耳!)《论语》说"子温而厉,威而不猛,恭而安",正是表现他的情操恰到好处。

(丙)孔子之意的生活。凡情感发达的人,意志最易为情感所牵,不能强立。孔子却不然,他是个意志最坚定强毅的人。齐鲁夹谷之会,齐人想用兵力劫制鲁侯,说孔丘知礼而无勇,以为必可以得志。谁知孔子拿出他那不畏强御的本事,把许多伏兵都吓退了。又如他反对贵族政治，实行堕三都的政策，非天下之大勇，安能如此？他的言论中，说志、说刚、说勇、说强的最多。如"三军可夺帅也，匹夫不可夺志也"，这是教人抵抗力要强，主意一定，总不为外界所摇夺。如"君子和而不流，强哉矫。中立而不倚，强哉矫。国有道，不变塞焉，强哉矫。国无道，至死不变，强哉矫"，都是表示这种精神。又说："志士仁人，无求生以害仁，有杀身以成仁。"又说："志士不忘在沟壑，勇士不忘丧其元。"教人以献身的观念，为一种主义或一种义务，常须存以身殉之之心。所以他说："仁者必有勇。"又说"见义不为无勇也。"可见讲仁讲义，都须有勇才成就了。孔子在短期的政治生活中，已经十分表示他的勇气，他晚年讲学著书，越发表现这种精神。他自己说："学而不厌，诲人不倦。"这两句语看似寻常，其实不厌不倦，是极难的事。意志力稍为薄弱一点的人，一时鼓起兴味做一件事，过些时便厌倦了。孔子既已认定学问教育是他的责任，一直到临死那一天，丝毫不肯松劲。不厌不倦这两句话，真当之无愧了。他赞《易》，在第一个乾卦，说"天行健，君子以自强不息"。"自强"是表意志力，"不息"

是表这力的继续性。

以上从知情意即知仁勇三方面分析综合,观察孔子。试把中外古人别的伟人哲人来比较,觉得别人或者一方面发达的程度过于孔子,至于三方面同时发达到如此调和圆满,直是未有其比。尤为难得的,是他发达的径路,很平易近人,无论什么人,都可以学步。所以孔子的人格,无论在何时何地,都可以做人类的模范。我们和他同国,做他后学,若不能受他这点精神的感化,真是自己辜负自己了。

(节选自《孔子》,1920年作。收入《饮冰室合集·文集》第十册第三十五,上海中华书局,1936年)

『知不可而为』主义与『为而不有』主义

今天的讲题是两句很旧的话：一句是"知其不可而为之"；一句是"为而不有"。现在按照八股的作法，把它分作两股讲。

诸君读我的近二十年来的文章，便知道我自己的人生观是拿两样事情做基础：（一）"责任心"；（二）"兴味"。人生观是个人的，各人有各人的人生观。各人的人生观不必都是对的，不必于人人都合宜。但我想：一个人自己修养自己，总须拈出个见解，靠它来安身立命。我半生来拿"责任心"和"兴味"这两样事情做我生活资粮，我觉得于我很是合宜。

我是感情最富的人，我对于我的感情都不肯压抑，听其尽量发展。发展的结果，常常得意外的调和。"责任心"和"兴味"都是偏于感情方面的多，偏于理智方面的很少。

"责任心"强迫把大担子放在肩上，是很苦的，"兴味"是很有趣的。二者在表面上恰恰相反，但我常把它调和起来。所以我的生活虽说一方面是很忙乱的，很复杂的；它方面仍是很恬静的，很愉快的。我觉得世上有趣的事多极了。烦闷，痛苦，懊恼，我全没有。人生是可赞美的，可讴歌的，有趣的。我的见解便是：（一）孔子说的"知其不可而为之"和（二）老子说的"为而不有"。

"知不可而为"主义、"为而不有"主义和近世欧美通行的功利主义根本反对。功利主义对于每做一件事之先必要问："为什么？"胡适《中国哲学史大纲》上讲墨子的哲学就是要问为什么。"为而不有"主义便爽快地答道："不为什么。"功利主义对于每做一件事之后必要问："有什么效果？""知不可而为"主义便答道："不管它有没有效果。"

今天讲的并不是诋毁功利主义。其实凡是一种主义皆有它的特点，不能以此非彼。从一方面看来，"知不可而为"主义，容易奖励无意识之冲动。"为而不有"主义，容易把精力消费于不经济的地方。这两种主义或者是中国物质文明进步之障碍，也未可知。但在人类精神生活上却有绝大的价值，我们应该发明它、享用它。

"知不可而为"主义，是我们做一件事，明白知道它不能得着预料的效果，甚至于一无效果，但认为应该做的便热心做去。换一句话说，就是做事时候把成功与失败的念头都撇开一边，一味埋头埋脑地去做。

　　这个主义如何能成立呢？依我想，成功与失败本来不过是相对的名词。一般人所说的成功不见得便是成功，一般人所说的失败不见得便是失败。天下事有许多从此一方面看说是成功，从别一方面看也可说是失败；从目前看可说是成功，从将来看也可说是失败。比方乡下人没见过电话，你让他去打电话，他一定以为对墙讲话，是没效果的；其实他方面已经得到电话，生出效果了。再如乡下人看见电报局的人在那里乓乓乓乓地打电报，一定以为很奇怪，没效果的；其实我们从他的手里已经把华盛顿会议的消息得到了。照这样看来，成败既无定形，这"可"与"不可"不同的根本先自不能存在了。孔子说："我则异于是，无可无不可。"他这句话似乎是很滑头，其实他是看出天下事无绝对的"可"与"不可"，即无绝对的成功与失败。别人心目中有"不可"这两个字，孔子却完全没有。"知不可而为"本来是晨门批评孔子的话，映在晨门眼帘上的孔子是"知不可而为"，实际上的孔子是"无可无不可而为"罢了。这是我的第一层的解释。

进一步讲，可以说宇宙间的事绝对没有成功，只有失败。成功这个名词，是表示圆满的观念，失败这个名词，是表示缺陷的观念。圆满就是宇宙进化的终点，到了进化终点，进化便休止；进化休止不消说是连生活都休止了。所以平常所说的成功与失败不过是指人类活动休息的一小段落。比方我今天讲演完了，就算是我的成功；你们听完了，就算是你们的成功。

到底宇宙有圆满之期没有，到底进化有终止的一天没有？这仍是人类生活的大悬案。这场官司从来没有解决，因为没有这类的裁判官。据孔子的眼光看来，这是六合以外的事，应该"存而不论"。此种问题和"上帝之有无"是一样不容易解决的。我们不是超人，所以不能解决超人的问题。人不能自举其身，我们又何能拿人生以外的问题来解决人生的问题？人生是宇宙的小段片。孔子不讲超人的人生，只从小段片里讲人生。

人类在这条无穷无尽的进化长途中，正在发脚踹跚而行。自有历史以来，不过在这条路上走了一点，比到宇宙圆满时候，还不知差几万万年哩！现在我们走的只是像体操教员刚叫了一声"开步走"，就想要得到多少万万年后的成功，岂非梦想？所以谈成功的人不是骗别人，简直是骗自己。

　　就事业上讲，说什么周公致太平，说什么秦始皇统一天下，说什么释迦牟尼普度众生。现在我们看看周公所致的太平到底在哪里？大家说是周公的成功，其实是他的失败。"六王毕，四海一"，这是说秦始皇统一天下了，但仔细看看，他所统一的到底在哪里？并不是说他传二世而亡，他的一份家当完了，就算失败，只看从他以后，便有楚汉之争，三国分裂，唐之藩镇，宋的辽金，就现在说，又有督军之割据，他的统一之功算成了吗？至于释迦牟尼，不但说没普度了众生，就是当时的印度人，也未全被他普度。所以世人所说的一般大成功家，实在都是一般大失败家。再就学问上讲，牛顿发明引力，人人都说是科学上的大成功，但自爱因斯坦之相对论出，而牛顿转为失败。其实牛顿本没成功，不过我们没有见到就是了。近两年来欧美学界颂扬爱因斯坦成功之快之大，无比矣！我们没学问，不配批评，只配跟着讴歌，跟着崇拜！但照牛顿的例看来，他也算是失败。所以无论就学问上讲就事实上讲，总一句话说：只有失败的，没有成功的。

人在无边的"宇"（空间）中，只是微尘，不断的"宙"（时间）中，只是段片。一个人无论能力多大，总有做不完的事，做不完的便留交后人，这好像一人忙极了，有许多事做不完，只好说"托别人做吧"！一人想包做一切事，是不可能的，不过从全体中抽出几万万分之一点做做而已。但这如何能算是成功？若就时间论，一人所做的一段片，正如"抽刀断水水更流"，也不得叫作成功。

孔子说"死而后已"，这个人死了那个人来继续。所以说继继绳绳，始能成大的路程。天下事无不可，天下事无成功。

然而人生这件事却奇怪得很：在无量数年中，无量数人，所做的无量数事，个个都是不可，个个都是失败，照数学上零加零仍等于零的规律讲，合起来应该是个大失败，但许多的"不可"加起来却是一个"可"，许多的"失败"加起来却是一个"大成功"。这样看来，也可说是上帝生人就是教人做失败事的，你想不失败吗？那除非不做事。但我们的生活便是事，起居饮食也是事，言谈思虑也是事，我们能到不做事的地步吗？要想不做事，除非不做人。佛劝人不做事，便是劝人不做人。如果不能不做人，非做事不可。这样看来，普天下事都是"不可而为"的事，普天下人都是"不可而为"的人。不过孔子是"知不可而为"，一般人是"不知不可而为"罢了。

"不知不可而为"的人，遇事总要计算计算，某事可成功，某事必失败。可成功的便去做，必失败的便躲避。自以为算盘打对了，其实全是自己骗自己，计算的总结与事实绝对不能相应。成败必至事后始能下判断的。若事前横计算竖计算，反减少人做事的勇气。在他挑选趋避的时候，十件事至少有八件事因为怕失败，不去做了。

算盘打得精密的人，看着要失败的事都不敢做，而为势所迫，又不能不勉强去做，故常说："要失败啦！我本来不愿意做，不得已啦！"他有无限的忧疑，无限的惊恐，终日生活在摇荡苦恼里。

算盘打得不精密的人，认为某件事要成功，所以在短时间内欢喜鼓舞地做去，到了半路上忽然发现他的成功希望是空的，或者做到结尾，不能成功的真相已经完全暴露，于是千万种烦恼悲哀都凑上来了。精密的人不敢做，不想做，而又不能不做，结果固然不好。但不精密的人，起初喜欢去做，继后失败了,灰心丧气地不做,比前一类人更糟些。

人生在世界是混混沌沌的,从这种境界里过数十年,那末,生活便只有可悲更无可乐。我们对于"人生"真可以诅咒。为什么人来世上做消耗面包的机器呢?若是怕没人吃面包,何不留以待虫类呢?这样的人生可真没一点价值了。

"知不可而为"的人怎样呢?头一层:他预料的便是失败,他的预算册子上件件都先把"失败"两个字摆在当头,用不着什么计算不计算,拣择不拣择。所以孔子一生一世只是"毋意!毋必!毋固!毋我!""意"是事前猜度,"必"是先定其成败,"固"是先有成见,"我"是为我。孔子的意思就是说人不该猜度,不该先定事之成败,不该先有成见,不该为着自己。

第二层,我们既做了人,做了人既然不能不生活,所以不管生活是段片也罢,是微尘也罢,只要在这微尘生活段片生活里,认为应该做的,便大踏步地去做,不必打算,不必犹豫。

孔子说:"无适也,无莫也,义之与比。"又说:"鸟兽不可与同群,吾非斯人之徒欤而谁欤?天下有道,丘不与易也。"这是绝对自由的生活。假设一个人常常打算何事应做，何事不应做，他本来想到街上散步，但一念及汽车撞死人，便不敢散步，他看见飞机很好，也想坐一坐，但一念及飞机摔死人，便不敢坐，这类人是自己禁住自己的自由了。要是外人剥夺自己的自由，自己还可以恢复，要是自己禁住自己的自由，可就不容易恢复了。"知不可而为"主义，是使人将做事的自由大大的解放，不要做无为之打算，自己捆绑自己。

孔子说："智者不惑，仁者不忧，勇者不惧。"不惑就是明白，不忧就是快活，不惧就是壮健。反过来说，惑也，忧也，惧也，都是很苦的。人若生活于此中，简直是过监狱的生活。

遇事先计划成功与失败，岂不是一世在疑惑之中？遇事先怕失败，一面做，一面愁，岂不是一世在忧愁之中？遇事先问失败了怎么样，岂不是一世在恐惧之中？

"知不可而为"的人，只知有失败，或者可以说他们用的字典里，从没有成功二字。那末，还有什么可惑、可忧、可惧呢？所以他们常把精神放在安乐的地方。所以一部《论语》，开宗明义便说"不亦乐乎"！"不亦悦乎"！用白话讲，便是"好呀"！

"好呀"!

孔子说:"发愤忘食,乐以忘忧,不知老之将至。"可见他做事是自己喜欢的,并非有何种东西鞭策才作的,所以他不觉胡子已白了,还只管在那里做。他将人生观立在"知不可而为"上,所以事事都变成不亦乐乎,不亦悦乎。这种最高尚、最圆满的人生,可以说是从"知不可而为"主义发生出来。我们如果能领会这种见解,即令不可至于乐乎、悦乎的境地,至少也可以减去许多"惑""忧""惧",将我们的精神放在安安稳稳的地位上。这样才算有味的生活,这样才值得生活。

第一股做完了,现在做第二股,仍照八股的做法,说几句过渡的话。"为而不有"主义与"知不可而为"主义,可以说是一个主义的两面。"知不可而为"主义可以说是"破妄返真","为而不有"主义可以说是"认真去妄"。"知不可而为"主义可使世界从烦闷至清凉,"为而不有"主义可使世界从极平淡上显出灿烂。

"为而不有"这句话,罗素解释得很好。他说,人有两种冲动,(一)占冲动;(二)创造冲动。这句话便是提倡人类的创造冲动的。他这些学说,诸君谅已熟闻,不必我多讲了。

"为而不有"的意思是不以所有观念作标准,不因为所有观念始劳动。简单一句话,便是为劳动而劳动。这话与佛教说的"无我我所"相通。

常人每做一事,必要报酬,常把劳动当作利益的交换品,这种交换品只准自己独有,不许他人同有,这就叫作"为而有"。如求得金钱、名誉,因为"有",才去为。有为一身有者,有为一家有者,有为一国有者。在老子眼中看来,无论为一身有,为一家有,为一国有,都算是为而有,都不是劳动的真目的。人生劳动应该不求报酬,你如果问他:"为什么而劳动?"他便答道:"不为什么。"再问:"不为什么,为什么劳动?"他便老老实实说:"为劳动而劳动,为生活而生活。"

老子说:"上人为之而无以为。"韩非子给他解释得很好:"生于其心之所不能已,非求其为报也。"简单说来,便是无所为而为。既无所为,所以只好说为劳动而劳动,为生活而生活,也可说是劳动的艺术化、生活的艺术化。

老子还说:"既以为人己愈有,既以与人己愈多。"这是说我要帮助人,自己却更有,不致损减；我要给人，自己却更多，不致损减。这话也可作"为而不有"的解释。按实说，老子本来没存"有""无""多""少"的观念，不过假定差别相以示常人罢了。

在人类生活中最有势的便是占有性。据一般人的眼光看来，凡是为人的好像己便无。例如楚汉争天下，楚若为汉，楚便无，汉若为楚，汉便无。韩信张良帮汉高的忙谋皇帝，他们便无。凡是与人的好像己便少。例如我们到瓷器铺子里买瓶子，一个瓶子，他要四元钱，我们只给他三元半，他如果卖了，岂不是少得五角？岂不是既以与人己便少吗？这似乎是和己愈有己愈多的话相反。然自它一方面看来，譬如我今天讲给诸君听，总算与大家了，但我仍旧是有，并没减少。再如教员天天在堂上给大家讲，不特不能减其所有，反可得教学相长的益处。至若弹琴唱歌给人听，也并没损失，且可使弹的唱的更加熟练。文学家、诗人、画家、雕刻家、慈善家，莫不如此。即就打算盘论，帮助人的虽无实利，也可得精神上的愉快。

老子又说："含德之厚，比于赤子，赤子终日号而不嗄，和之至也。"他的意思就是说成人应该和小孩子一样，小孩子天天在那里哭，小孩子并不知为什么而哭，无端的大哭一场，好像有许多痛心的事，其实并不为什么。成人亦然。问他为什么吃？答为饿。问他为什么饿？答为生理上必然的需要。再问他为什么生理上需要？他便答不出了。所以"为什么"是不能问的，如果事事问为什么，什么事都不能做了。

老子说："无为而无不为。"我们却只记得他的上半截的"无为"，把下半截的"无不为"忘掉了。这的确是大错。他的主义是不为什么，而什么都做了，并不是说什么都不做。要是说什么都不做，那他又何必讲五千言的《道德经》呢？

"知不可而为"主义与"为而不有"主义都是要把人类无聊的计较一扫而空，喜欢做便做，不必瞻前顾后。所以归并起来，可以说这两种主义就是"无所为而为"主义，也可以说是生活的艺术化，把人类计较利害的观念，变为艺术的、情感的。

这两种主义的概念，演讲完了。我很希望它发扬光大，推之于全世界。但要实行这种主义须在社会组织改革以后。试看在俄国劳农政府之下，"知不可而为"和"为而不有"的人比从前多得多了。

社会之组织未变,社会是所有的社会,要想打破所有的观念,大非易事。因为人生在所有的社会上,受种种的牵掣,倘有人打破所有的观念,他立刻便缺乏生活的供给。比方做教员的,如果不要报酬,便立刻没有买书的费用。然假使有公共图书馆,教员又何必自己买书呢?中国人常喜欢自己建造花园,然而又没有钱,其势不得不用种种不正当的方法去找钱,这还不是由于中国缺少公共花园的缘故吗?假使中国仿照欧美建设许多极好看、极精致的公共花园,他们自然不去另造了。所以必须到社会组织改革之后,对于公众有种种供给时,才能实行这种主义。

虽是这样说法,我们一方面希望求得适宜于这种主义的社会,一方面在所处的混浊的社会中,还得把这种主义拿来寄托我们的精神生活,使它站在安慰清凉的地方。我看这种主义恰似青年修养的一副清凉散。我不是拿空话来安慰诸君,也不是勉强去左右诸君,它的作用着实是如此的。

最后我还要对青年进几句忠告。老子说:"宠辱不惊。"这句话最关重要。现在的一般青年或为宠而惊,或为辱而惊。然为辱而惊的大家容易知道,为

1925年，梁启超为北京师范大学毕业同学录题词"无负今日"

宠而惊的大家却不易知道。或者为宠而惊的比较为辱而惊的人的人格更为低下也说不定。"五四"以来,社会上对于青年可算是宠极了,然根底浅薄的人,其所受宠的害,恐怕比受辱的害更大吧。有些青年自觉会作几篇文章,便以为满足,其实与欧美比一比,那算得什么学问,徒增了许多虚荣心罢了。他们在报上出风头,不过是为眼前利害所鼓动,为虚荣心所鼓动,别人说成功,他们便自以为成功,岂知天下没成功的事,这些都是被成败利钝的观念所误了。

古人的这两句话,我希望现在的青年在脑子里多转几转,把它当作失败中的鼓舞,烦闷中的清凉,困倦中的兴奋。

(1921年12月21日北京哲学社讲演稿,原刊《哲学》1922年4月第5期)

趣味教育与教育趣味

一

假如有人问我："你信仰的什么主义？"我便答道："我信仰的是趣味主义。"有人问我："你的人生观拿什么做根柢？"我便答道："拿趣味做根柢。"我生平对于自己所做的事，总是做得津津有味，而且兴会淋漓；什么悲观咧厌世咧这种字面，我所用的字典里头，可以说完全没有。我所做的事，常常失败——严格的可以说没有一件不失败——然而我总是一面失败一面做。因为我不但在成功里头感觉趣味，就在失败里头也感觉趣味。我每天除了睡觉外，没有一分钟一秒钟不是积极的活动。然而我绝不觉得疲倦，而且很少生病。因为我每天的活动有趣得很，精神上的快乐，补得过物质上的消耗而有余。

趣味的反面，是干瘪，是萧索。晋朝有位殷仲文，晚年常郁郁不乐，指着院子里头的大槐树叹气，说道："此树婆娑，生意尽矣。"一棵新栽的树，欣欣向荣，何等可爱！到老了之后，表面上虽然很婆娑，骨子里生意已尽，算是这一期的生活完结了。殷仲文这两句话，是用很好的文学技能，表出那种颓唐落寞的情绪。我以为这种情绪，是再坏没有的了。无论一个人或一个社会，倘若被这种情绪侵入弥漫，这个人或这个社会算是完了，再不会有长进。何止没长进？什么坏事，都要从此产育出来。总而言之，趣味是活动的源泉。趣味干竭，活动便跟着停止。好像机器房里没有燃料，发不出蒸汽来，任凭你多大的机器，总要停摆。停摆过后，机器还要生锈，产生许多毒害的物质哩。人类若到把趣味丧失掉的时候，老实说，便是生活得不耐烦，那人虽然勉强留在世间，也不过行尸走肉。倘若全个社会如此，那社会便是痨病的社会，早已被医生宣告死刑。

二

"趣味教育"这个名词，并不是我所创造，近代欧美教育界早已通行了。但他们还是拿趣味当手段，我想进一步，拿趣味当目的。请简单说一说我的意见。

第一，趣味是生活的原动力，趣味丧掉，生活便成了无意义。这是不错。但趣味的性质，不见得都是好的。譬如好嫖好赌，何尝不是趣味？但从教育的眼光看来，这种趣味的性质，当然是不好。所谓好不好，并不必拿严酷的道德论做标准。既已主张趣味，便要求趣味的贯彻。倘若以有趣始以没趣终，那么趣味主义的精神，算完全崩落了。《世说新语》记一段故事："祖约性好钱，阮孚性好屐，世未判其得失。有诣约，见正料量财物，客至屏当不尽，余两小籢，以著背后，倾身障之，意未能平。诣孚，正见自蜡屐，因叹曰：'未知一生当着几纳屐。'意甚闲畅，于是优劣始分。"这段话，很可以作为选择趣味的标准。凡一种趣味事项，倘或是要瞒人的，或是拿别人的苦痛换自己的快乐，或是快乐和烦恼相间相续的，这等统名为下等趣味。严格说起来，它就根本不能做趣味的主体。因为认这类事当趣味的人，常常遇着败兴，而且结果必至于俗语说的"没兴一齐来"而后已，所以我们讲趣味主义的人，绝不承认此等为趣味。人生在幼年青年期，趣味是最浓的，成天价乱碰乱迸；若不引他到高等趣味的路上，他们便非流入下等趣味不可。没有受过教育的人，固然容易如此。教育教得不如法，学生在学校里头找不出趣味，然而他们的趣味是压不住的，自然会从校课以外乃至校课反对的方向去找他的下等趣味，结果，他们的趣味是不能贯彻的，整个变成没趣的人生完事。我们主张趣味教育的人，是要趁儿童或青年趣味正浓而方向未决定的时候，给他们一种可以终生受用的趣味。这种教育办得圆满，能够令全社会整个永久是有趣的。第二，既然如此，那么教育的方法，自然也跟着解决了。教育家无论多大能力，总不能把某种学问教通了学生，只能令受教的学生当着某种学问的趣味，或者学生对于某种学问原有趣味，教育家把它加深加厚。所以教育事业，从积极方面说，全在唤起趣味，从消极方面说，要十分注意不可以摧残趣味。摧残趣味有几条路。头一件是注射式的教育。教师把课本里头东西叫学生强记。好像嚼饭给小孩子吃，那饭已经是一点儿滋味没有了，还要叫他照样地嚼几口，仍旧吐出来看。那么，假令我是个小孩子，当然会认吃饭是一件苦不可言的事了。这种教育法，从前教八股完全是如此，现在学校里形式虽变，精神却还是大同小异，这样教下去，只怕永远教不出人才来。第二件是课目太多。为培养常识起见，学堂课目固然不能太少。为消除疲劳起见，每日的课目固然不能不参错掉换。但这种理论，只能为程度的适用，若用得过分，毛病便会发生。趣味的性质，是越引越深。想引得深，总要时间和精力比较的集中才可。若在一个时期内，同时做十来种的功课，走马看花，应接不暇，初时或者惹起多方面的趣味，结果任何方面的趣味都不能养成。那么，教育效率，可以等于零。为什么呢？因为受教育受了好些时，件件都是在大门口一望便了，完全和自己的生活不发生关系，这教育不是白费吗？第三件是拿教育的事项当手段。从前我们学八股，大家有句通行话说它是敲门砖，门敲开了自然把砖也抛却，再不会有人和那块砖头发生起恋爱来。我们若是拿学问当作敲门砖看待，断乎不能有深入而且持久的趣味。我们为什么学数学，因为数学有趣所以学数学；为什么学历史，因为历史有趣所以学历史；为什么学画画、学打球，因为画画有趣、打球有趣所以学画画、学打球。人生的状态，本来是如此，教育的最大效能，也只是如此。各人选择他趣味最浓的事项做职业，自然一切劳作，都是目的，不是手段，越劳作越发有趣。反过来，若是学法政用来作做官的手段，官做不成怎么样呢？学经济用来做发财的手段，财发不成怎么样呢？结果必至于把趣味完全送掉。所以教育家最要紧教学生知道是为学问而学问，为活动而活动。所有学问，所有活动，都是目的，不是手段。学生能领会得这个见解，他的趣味，自然终生不衰了。

三

以上所说，是我主张趣味教育的要旨。既然如此，那么在教育界立身的人，应该以教育为唯一的趣味，更不消说了。一个人若是在教育上不感觉有趣味，我劝他立刻改行，何必在此受苦？既已打算拿教育做职业，便要认真享乐，不辜负了这里头的妙味。

孟子说："君子有三乐，而王天下不与存焉。"第三种就是："得天下英才而教育之。"他的意思是说教育家比皇帝还要快乐。他这话绝不是替教育家吹空气，实际情形，确是如此。我常想，我们对于自然界的趣味，莫过于种花。自然界的美，像山水风月等等，虽然能移我情，但我和它没有特殊密切的关系，它的美妙处，我有时便领略不出。我自己手种的花，它的生命和我的生命简直并合为一，所以我对着它，有说不出来的无上妙味。凡人工所做的事，那失败和成功的程度都不能预料，独有种花，你只要用一分心力，自然有一分效果还你，而且效果是日日不同，一日比一日进步。教育事业正和种花一样。教育者与被教育者的生命是并合为一的。教育者所用的心力，真是俗语说的"一分钱一分货"，丝毫不会枉费。所以我们要选择趣味最真而最长的职业，再没有别样比得上教育。

现在的中国，政治方面、经济方面，没有哪件说起来不令人头痛。但回到我们教育的本行，便有一条光明大路，摆在我们前面。从前国家托命，靠一个皇帝，皇帝不行，就望太子，所以许多政论家——像贾长沙一流都最注重太子的教育。如今国家托命是在人民，现在的人民不行，就望将来的人民。现在学校里的儿童青年，个个都是"太子"，教育家便是"太子太傅"。据我看，我们这一代的太子，真是"富于春秋，典学光明"，这些当太傅的，只要"鞠躬尽瘁"，好生把他培养出来，不愁不眼见中兴大业。所以别方面的趣味，或者难得保持，因为到处挂着"此路不通"的牌子，容易把人的兴头打断；教育家却全然不受这种限制。

教育家还有一种特别便宜的事，因为"教学相长"的关系，教人和自己研究学问是分离不开的，自己对于自己所好的学问，能有机会终生研究，是人生最快乐的事，这种快乐，也是绝对自由，一点不受恶社会的限制。做别的职业的人，虽然未尝不可以研究学问，但学问总成了副业了。从事教育职业的人，一面教育，一面学问，两件事完全打成一片。所以别的职业是一重趣味，教育家是两重趣味。

孔子屡屡说："学而不厌，诲人不倦。"他的门生赞美他说："正唯弟子不能及也。"一个人谁也不学，谁也不诲人，所难者确在不厌不倦。问他为什么能不厌不倦呢？只是领略得个中趣味，当然不能自已。你想：一面学，一面诲人，人也教得进步了，自己所好的学问也进步了，天下还有比他再快活的事吗？人生在世数十年，终不能一刻不活动，别的活动，都不免常常陷在烦恼里头，独有好学和好诲人，真是可以无入而不自得，若真能在这里得了趣味，还会厌吗？还会倦吗？孔子又说："知之者不如好之者,好之者不如乐之者。"诸君都是在教育界立身的人,我希望更从教育的可好可乐之点,切实体验,那么,不惟诸君本身得无限受用,我们全教育界也增加许多活气了。

(1922年4月10日直隶教育联合研究会讲演稿,原刊《梁任公学术讲演集》,商务印书馆,1922年11月初版)

学问之趣味

我是个主张趣味主义的人：倘若用化学化分"梁启超"这件东西，把里头所含一种元素名叫"趣味"的抽出来，只怕所剩下仅有个"0"了。我以为，凡人必常常生活于趣味之中，生活才有价值。若哭丧着脸挨过几十年，那么，生命便成沙漠，要来何用？中国人见面最喜欢用的一句话："近来作何消遣？"这句话我听着便讨厌。话里的意思，好像生活得不耐烦了，几十年日子没有法子过，勉强找些事情来消他遣他。一个人若生活于这种状态之下，我劝他不如早日投海！我觉得天下万事万物都有趣味，我只嫌二十四点钟不能扩充到四十八点，不够我享用。我一年到头不肯歇息，问我忙什么？忙的是我的趣味。我以为这便是人生最合理的生活。我常常想运动别人也学我这样生活。

凡属趣味，我一概都承认它是好的。但怎么样才算"趣味"，不能不下一个注脚。我说："凡一件事做下去不会生出和趣味相反的结果的，这件事便可以为趣味的主体。"赌钱趣味吗？输了怎么样？吃酒趣味吗？病了怎么样？做官趣味吗？没有官做的时候怎么样？……诸如此类，虽然在短时间内像有趣味，结果会闹到俗语说的"没趣一齐来"，所以我们不能承认它是趣味。凡趣味的性质，总要以趣味始，以趣味终。所以能为趣味之主体者，莫如下列的几项：一、劳作；二、游戏；三、艺术；四、学问。诸君听我这段话，切勿误会以为，我用道德观念来选择趣味。我不问德不德，只问趣不趣。我并不是因为赌钱不道德才排斥赌钱，因为赌钱的本质会闹到没趣，闹到没趣便破坏了我的趣味主义，所以排斥赌钱。我并不是因为学问是道德才提倡学问，因为学问的本质能够以趣味始以趣味终，最合于我的趣味主义条件，所以提倡学问。

学问的趣味，是怎么一回事呢？这句话我不能回答。凡趣味总要自己领略，自己未曾领略得到时，旁人没有法子告诉你。佛典说的："如人饮水，冷暖自知。"你问我这水怎样的冷，我便把所有形容词说尽，也形容不出给你听，除非你亲自嚐一口。我这题目——学问之趣味，并不是要说学问如何如何的有趣味，只要如何如何便会尝得着学问的趣味。

诸君要尝学问的趣味吗？据我所经历过的有下

列几条路应走。

第一,"无所为"。趣味主义最重要的条件是"无所为而为"。凡有所为而为的事,都是以别一件事为目的而以这件事为手段。为达目的起见勉强用手段,目的达到时,手段便抛却。例如学生为毕业证书而做学问,著作家为版权而做学问,这种做法,便是以学问为手段,便是有所为。有所为虽然有时也可以为引起趣味的一种方便,但到趣味真发生时,必定要和"所为者"脱离关系。你问我"为什么做学问?"我便答道:"不为什么。"再问,我便答道:"为学问而学问。"或者答道:"为我的趣味。"诸君切勿以为我这些话掉弄虚机,人类合理的生活本来如此。小孩子为什么游戏?为游戏而游戏。人为什么生活?为生活而生活。为游戏而游戏,游戏便有趣;为体操分数而游戏,游戏便无趣。

第二,不息。"鸦片烟怎样会上瘾?""天天吃。""上瘾"这两个字,和"天天"这两个字是离不开的。凡人类的本能,只要那部分搁久了不用,它便会麻木会生锈。十年不跑路,两条腿一定会废了。每天跑一点钟,跑上几个月,一天不得跑时,腿便发痒。人类为理性的动物,"学问欲"原是固有本能之一种，只怕你出了学校便和学问告辞，把所有经管学问的器官一齐打落冷宫，把学问的胃弄坏了，便山珍海味摆在面前，也不愿意动筷子。诸君啊！诸君倘若现在从事教育事业或将来想从事教育事业，自然没有问题，很多机会来培养你学问胃口。若是做别的职业呢？我劝你每日除本业正当劳作之外，最少总要腾出一点钟，研究你所嗜好的学问。一点钟哪里不消耗了？千万别要错过，闹成"学问胃弱"的症候，白白自己剥夺了一种人类应享之特权啊！

第三，深入的研究。趣味总是慢慢地来，越引越多，像那吃甘蔗，越往下才越得好处。假如你虽然每天定有一点钟做学问，但不过拿来消遣消遣，不带有研究精神，趣味便引不起来。或者今天研究这样明天研究那样，趣味还是引不起来。趣味总是藏在深处，你想得着，便要入去。这个门穿一穿，那个窗户张一张，再不会看见"宗庙之美，百官之富"，如何能有趣味？我方才说"研究你所嗜好的学问"，嗜好两个字很要紧。一个人受过相当的教育之后，无论如何，总有一两门学问和自己脾胃相合，而已经懂得大概可以作加工研究之预备的，请你就选定一门作为终生正业或作为本业劳作以外的副业，不怕范围窄，越窄越便于聚精神，不怕问题难，越难越便于鼓勇气。你只要肯一层一层往里面追，我保你一定被它引到"欲罢不能"的地步。

第四，找朋友。趣味比方电，越摩擦越出。前两段所说，是靠我本身和学问本身相摩擦，但仍恐怕我本身有时会停摆，发电力便弱了，所以常常要仰赖别人帮助。一个人总要有几位共事的朋友，同时还要有几位共学的朋友。共事的朋友，用来扶持我的职业；共学的朋友和共玩的朋友同一性质，都是用来摩擦我的趣味。这类朋友，能够和我同嗜好一种学问的自然最好，我便和他搭伙研究。即或不然——他有他的嗜好，我有我的嗜好，只要彼此都有研究精神，我和他常常在一块或常常通信，便不知不觉把彼此趣味都摩擦出来了。得着一两位这种朋友，便算人生大幸福之一。我想只要你肯找，断不会找不出来。

我说的这四件事，虽然像是老生常谈，但恐怕大多数人都不曾会这样做。唉！世上人多么可怜啊！有这种不假外求不会蚀本不会出毛病的趣味世界，竟自没有几个人肯来享受！古书说的故事"野人献曝",我是尝冬天晒太阳的滋味尝得舒服透了,不忍一人独享,特地恭恭敬敬地来告诉诸君。诸君或者会欣然采纳吧?但我还有一句话:太阳虽好,总要诸君亲自去晒,旁人却替你晒不来。

(1922年8月6日南京东南大学讲演稿,原刊1922年8月12日《时事新报·学灯》)

敬业与乐业

我这题目，是把《礼记》里头"敬业乐群"和《老子》里头"安其居乐其业"那两句话断章取义造出来。我所说是否与《礼记》《老子》原意相合，不必深求；但我确信"敬业""乐业"四个字，是人类生活不二法门。

本题主眼，自然是在"敬"字"乐"字。但必先有业，才有可敬可乐的主体，理至易明。所以在讲演正文以前，先要说说有业之必要。

孔子说："饱食终日，无所用心，难矣哉！"又说："群居终日，言不及义，好行小慧，难矣哉！"孔子是一位教育大家，他心目中没有什么人不可教诲，独独对于这两种人便摇头叹气说道："难！难！"可见人生一切毛病都有药可医，唯有无业游民，虽大圣人碰着他，也没有办法。

唐朝有一位名僧百丈禅师，他常常用两句格言教训弟子，说道："一日不做事，一日不吃饭。"他每日除上堂说法之外，还要自己扫地、擦桌子、洗衣服，直到八十岁日日如此。有一回他的门生想替他服劳,把他本日应做的工悄悄地都做了,这位言行相顾的老禅师,老实不客气,那一天便绝对的不肯吃饭!

我征引儒门佛门这两段话,不外证明人人都要正当职业,人人都要不断地劳作。倘若有人问我:"百行什么为先?万恶什么为首?"我便一点不迟疑答道:"百行业为先,万恶懒为首。"没有职业的懒人,简直是社会上蛀米虫,简直是"掠夺别人勤劳结果"的盗贼。我们对于这种人,是要彻底讨伐,万不能容赦的。有人说:我并不是不想找职业,无奈找不出来。我说:职业难找,原是现代全世界普通现象。我也承认。这种现象应该如何救济,别是一个问题,今日不必讨论。但以中国现在情形论,找职业的机会,依然比别国多得多。一个精力充满的壮年人,倘若不是安心躲懒,我敢信他一定能得相当职业。今日所讲,专为现在有职业及现在正做职业上预备的人——学生——说法,告诉他们对于自己现有的职业应采何种态度。

第一,要敬业。敬字为古圣贤教人做人最简易直捷的法门,可惜被后来有些人说得太精微,倒变了不适实用了。唯有朱子解得最好,他说"主一无适便是敬"。用现在的话讲：凡做一件事便忠于一件事，将全副精力集中到这事上头，一点不旁骛，便是敬。业有什么可敬呢？为什么该敬呢？人类一面为生活而劳动，一面也是为劳动而生活。人类既不是上帝特地制来充当消化面包的机器，自然该各人因自己的地位和财力，认定一件事去做。凡可以名为一件事的，其性质都是可敬。当大总统是一件事，拉黄包车也是一件事。事的名称，从俗人眼里看来有高下；事的性质，从学理上解剖起来并没有高下。只要当大总统的人信得过我可以当大总统才去当，实实在在把总统当作一件正经事来做；拉黄包车的人信得过我可以拉黄包车才去拉，实实在在把拉车当作一件正经事来做；便是人生合理的生活。这叫作职业的神圣。凡职业没有不是神圣的，所以凡职业没有不是可敬的。唯其如此，所以我们对于各种职业，没有什么分别拣择。总之，人生在世是要天天劳作的，劳作便是功德，不劳作便是罪恶。至于我该做哪一种劳作呢？全看我的才能何如境地何如。因自己的才能境地做一种劳作做到圆满，便是天地间第一等人。

怎样才能把一种劳作做到圆满呢？唯一的秘诀

就是忠实，忠实从心理上发出来的便是敬。《庄子》记痀偻丈人承蜩的故事，说道："虽天地之大，万物之多，而惟吾蜩翼之知。"凡做一件事，便把这件事看作我的生命，无论别的什么好处，到底不肯牺牲我现做的事来和它交换。我信得过我当木匠的做成一张好桌子，和你们当政治家的建设成一个共和国家同一价值。我信得过我当挑粪的把马桶收拾得干净，和你们当军人的打胜一支压境的敌军同一价值。大家同是替社会做事，你不必羡慕我，我不必羡慕你。怕的是我这件事做得不妥当，便对不起这一天里头所吃的饭。所以我做事的时候，丝毫不肯分心到事外。曾文正说："坐这山，望那山，一事无成。"我从前看见一位法国学者著的书，比较英、法两国国民性，他说："到英国人公事房里头，只看见他们埋头执笔做他的事，到法国人公事房里头，只看见他们衔着烟卷像在那里出神。英国人走路，眼注地上，像用全副精神注在走路上。法国人走路，总是东张西望，像不把走路当一回事。"这些话比较得是否确切，姑且不论，但很可以为敬业两个字下注脚。若果如他们所说，英国人便是敬，法国人便是不敬。一个人对于自己的职业不敬，从学理方面说，便亵渎职业之神圣；从事实方面说，一定把实情做糟了，结果自己害自己。所以敬业主义，于人生最为必要，又于人生最为有利。庄子说："用志不纷，乃凝于神。"孔子说："素其位而行，不愿乎其外。"我说的敬业，不外这些道理。

第二，要乐业。"做工好苦呀！"这种叹气的声音，无论何人都会常在口边流露出来。但我要问他："做工苦，难道不做工就不苦吗？"今日大热天气，我在这里喊破喉咙来讲，诸君扯直耳朵来听，有些人看着我们好苦。翻过来，倘若我们去赌钱去吃酒，还不是一样的淘神费力？难道又不苦？须知苦乐全在主观的心，不在客观的事。人生从出胎的那一秒钟起到咽气的那一秒钟止，除了睡觉以外，总不能把四肢五官都搁起不用。只要一用，不是淘神，便是费力，劳苦总是免不掉的。会打算盘的人只有从劳苦中找出快乐来。我想天下第一等苦人，莫过于无业游民，终日闲游浪荡，不知把自己的身子和心子摆在哪里才好，他们的日子真难过。第二等苦人，便是厌恶自己本业的人，这件事分明不能不做，却满肚子里不愿意做，不愿意做逃得了吗？到底不能，结果还是皱着眉头哭丧着脸做去，这不是专门自己替自己开玩笑吗？我老实告诉你一句话：凡职业都是有趣味的，只要你肯继续做下去，趣味自然会发生。为什么呢？第一，因为凡一件职业，总有许多层累曲折，倘能身入其中，看它变化进展的状态，最为亲切有味。第二，因为每一职业之成就，离不了奋斗。一步一步地奋斗前去，从刻苦中得快乐，快乐的分量加增。第三，职业的性质，常常要和同业的人比较骈进，好像赛球一般，因竞胜而得快乐。第四，专心做一职业时，把许多游思妄想杜绝了，省却无限闲烦恼。孔子说："知之者不如好之者，好之者不如乐之者。"人生能从自己职业中领略出趣味，生活才有价值。孔子自述生平，说道："其为人也，发愤忘食，乐以忘忧，不知老之将至云尔。"这种生活，真算得人类理想的生活了。

我生平最受用的有两句话，一是"责任心"，二是"趣味"。我自己常常力求这两句话之实现与调和，又常常把这两句话向我的朋友强聒不舍。今天所讲，敬业即是责任心，乐业即是趣味。我深信人类合理的生活总该如此；我盼望诸君和我同一受用。

(1922年8月14日上海中华职业学校讲演稿，原刊1922年8月18日《时事新报·学灯》)

为学与做人

诸君，我在南京讲学将近三个月了。这边苏州学界里头，有好几回写信邀我；可惜我在南京是天天有功课的，不能分身前来。今天到这里，能够和全城各校诸君聚在一堂，令我感激得很。但有一件，还要请诸君原谅，因为我一个月以来，都带着些病，勉强支持，今天不能作很长的讲演，恐怕有负诸君期望哩。

问诸君"为什么进学校"，我想人人都会众口一辞地答道："为的是求学问。"再问"你为什么要求学问？""你想学些什么？"恐怕各人的答案就很不相同，或者竟自答不出来了。诸君啊，我请替你们总答一句罢："为的是学做人！"你在学校里头学的什么数学、几何、物理、化学、生理、心理、历史、地理、国文、英语，乃至什么哲学、文学、科学、政治、法律、经济、教育、农业、工业、商业等等，不过是做人所需要的一种手段，不能说专靠这些便达到做人的目的。任凭你把这些件件学得精通，你能够成个人不能成个人还是问题。

人类心理，有知、情、意三部分。这三部分圆满发达的状态，我们先哲名之为"三达德"——智、仁、勇。为什么叫作"达德"呢？因为这三件事是人类普通道德的标准。总要三件具备才能成一个人。三件的完成状态怎么样呢？孔子说："知者不惑，仁者不忧，勇者不惧。"所以教育应分为知育、情育、意育三方面——现在讲的智育、德育、体育，不对。德育范围太笼统，体育范围太狭隘——知育要教到人不惑，情育要教到人不忧，意育要教到人不惧。教育家教学生，应该以这三件为究竟；我们自动地自己教育自己，也应该以这三件为究竟。

怎么样才能不惑呢？最要紧是养成我们的判断力。想要养成判断力，第一步，最少须有相当的常识。进一步，对于自己要做的事须有专门智识。再进一步，还要有遇事能断的智慧。假如一个人连常识都没有，听见打雷，说是雷公发威；看见月蚀，说是虾蟆贪嘴。那么，一定闹到什么事都没有主意，碰着一点疑难问题，就靠求神问卜看相算命去解决。真所谓"大惑不解"，成了最可怜的人了。学校里小学中学所教，就是要人有了许多基本的常识，免得凡事都暗中摸索。但仅仅有这点常识还不够。我们做人,总要各有一件专门职业。这门职业,也并不是我一人破天荒去做,从前已经许多人做过。他们积了无数经验,发现好些原理原则,这就是专门学识。我打算做这项职业,就应该有这项专门学识。例如我想做农吗?怎样的改良土壤,怎样的改良种子,怎样的防御水旱病虫等等,都是前人经验有得成为学识的。我们有了这种学识,应用它来处置这些事,自然会不惑;反是则惑了。做工做商等等都各有它的专门学识,也是如此。我想做财政家吗?何种租税可以生出何样结果,何种公债可以生出何样结果等等,都是前人经验有得成为学识的。我们有了这种学识,应用它来处置这些事,自然会不惑;反是则惑了。教育家军事家等等都各各有他的专门学识,也是如此。我们在高等以上学校所求的智识,就是这一类。但专靠这种常识和学识就够吗?还不能。宇宙和人生是活的,不是呆的,我们每日所碰见的事理是复杂的变化的不是单纯的印板的。倘若我们只是学过这一件才懂这一件,那么,碰着一件没有学过的事来到跟前,便手忙脚乱了。所以还要养成总体的智慧才能得有根本的判断力。这种总体的智慧如何才能养成呢?第一件,要把我们向来粗浮的脑筋，着实磨炼它，叫它变成细密而且踏实。那么，无论遇着如何繁难的事，我都可以彻头彻尾想清楚它的条理，自然不至于惑了。第二件，要把我们向来昏浊的脑筋，着实将养它，叫它变成清明。那么，一件事理到跟前，我才能很从容很莹澈的去判断它，自然不至于惑了。以上所说常识学识和总体的智慧，都是智育的要件。目的是教人做到知者不惑。

怎么样才能不忧呢？为什么仁者便会不忧呢？想明白这个道理，先要知道中国先哲的人生观是怎么样。"仁"之一字，儒家人生观的全体大用都包在里头。"仁"到底是什么？很难用言语说明。勉强下个解释，可以说是"普遍人格之实现"。孔子说："仁者人也。"意思说是人格完成就叫作"仁"。但我们要知道：人格不是单独一个人可以表见的，要从人和人的关系上看出来。所以仁字从二人，郑康成解它做"相人偶"。总而言之，要彼我交感互发，成为一体，然后我的人格才能实现。所以我们若不讲人格主义，那便无话可说。讲到这个主义，当然归宿到普遍人格。换句话说：宇宙即是人生，人生即是宇宙，我的人格，和宇宙无二无别。体验得这个道理,就叫作"仁者"。然则这种仁者为什么就会不忧呢?大凡忧之所从来,不外两端,一曰忧成败,二曰忧得失。我们得着"仁"的人生观,就不会忧成败。为什么呢?因为我们知道宇宙和人生是永远不会圆满的,所以《易经》六十四卦,始"乾"而终"未济"。正为在这永远不圆满的宇宙中,才永远容得我们创造进化。我们所做的事,不过在宇宙进化几万万里的长途中,往前挪一寸两寸,哪里配说成功呢?然则不做怎么样呢?不做便连这一寸两寸都不往前挪,那可真真失败了。"仁者"看透这种道理,信得过只有不做事才算失败,肯做事便不会失败。所以《易经》说:"君子以自强不息。"换一方面来看,他们又信得过凡事不会成功的,几万万里路挪了一两寸,算成功吗?所以《论语》说:"知其不可而为之。"你想,有这种人生观的人,还有什么成败可忧呢?再者,我们得着"仁"的人生观,便不会忧得失。为什么呢?因为认定这件东西是我的,才有得失之可言。连人格都不是单独存在,不能明确地画出这一部分是我的,那一部分是人家的。然则哪里有东西可以为我所得?既已没有东西为我所得,当然也没有东西为我所失。我只是为学问而学问，为劳动而劳动，并不是拿学问劳动等等做手段来达某种目的——可以为我们"所得"的。所以老子说"生而不有，为而不恃""既以为人己愈有，既以与人己愈多"。你想，有这种人生观的人，还有什么得失可忧呢？总而言之，有了这种人生观，自然会觉得"天地与我并生，而万物与我为一"，自然会"无入而不自得"。他的生活，纯然是趣味化艺术化。这是最高的情感教育，目的教人做到仁者不忧。

怎么样才能不惧呢？有了不惑不忧功夫，惧当然会减少许多了。但这是属于意志方面的事。一个人若是意志力薄弱，便有很丰富的智识，临时也会用不着，便有很优美的情操，临时也会变了卦。然则意志怎么才会坚强呢？头一件须要心地光明。孟子说："浩然之气，至大至刚。行有不慊于心，则馁矣。"又说："自反而不缩，虽褐宽博，吾不惴焉；自反而缩，虽千万人，吾往矣。"俗语说得好："生平不做亏心事，夜半敲门也不惊。"一个人要保持勇气，须要从一切行为可以公开做起，这是第一着。第二件要不为劣等欲望之所牵制。《论语》记："子曰：吾未见刚者。或对曰：申枨。子曰：枨也欲，焉得刚？"一被物质上无聊的嗜欲东拉西扯，那么，百炼刚也会变为绕指柔了。总之一个人的意志，由刚强变为薄弱极易，由薄弱返到刚强极难。一个人有了意志薄弱的毛病，这个人可就完了。自己作不起自己的主，还有什么事可做？受别人压制，做别人奴隶，自己只要肯奋斗，终须能恢复自由。自己的意志做了自己情欲的奴隶，那么，真是万劫沉沦，永无恢复自由的余地，终生畏首畏尾，成了个可怜人了。孔子说："和而不流，强哉矫；中立而不倚，强哉矫；国有道，不变塞焉，强哉矫；国无道，至死不变，强哉矫。"我老实告诉诸君说罢，做人不做到如此，决不会成一个人。但做到如此真是不容易，非时时刻刻做磨炼意志的工夫不可。意志磨炼得到家，自然是看着自己应做的事，一点不迟疑，扛起来便做，"虽千万人吾往矣"。这样才算顶天立地做一世人，绝不会有藏头躲尾左支右绌的丑态。这便是意育的目的，要教人做到勇者不惧。

我们拿这三件事作做人的标准。请诸君想想，我自己现时做到哪一件——哪一件稍为有一点把握。倘若连一件都不能做到，连一点把握都没有，嗳哟，那可真危险了！你将来做人恐怕就做不成。讲到学校里的教育吗？第二层的情育，第三层的意育，可以说完全没有，剩下的只有第一层的知育。就算知育罢，又只有所谓常识和学识，至于我所讲的总体智慧靠来养成根本判断力的，却是一点儿也没有。这种"贩卖智识杂货店"的教育，把他前途想下去，真令人不寒而栗！现在这种教育，一时又改革不来，我们可爱的青年，除了它更没有可以受教育的地方。诸君啊！你到底还要做人不要？你要知道危险呀！非你自己抖擞精神想方法自救，没有人能救你呀！

　　诸君啊！你千万别要以为得些断片的智识，就算是有学问呀。我老实不客气告诉你罢，你如果做成一个人，智识自然是越多越好；你如果做不成一个人，智识却是越多越坏。你不信吗？试想想全国人所唾骂的卖国贼某人某人，是有智识的呀，还是没有智识的呢？试想想全国人所痛恨的官僚政客——专门助军阀作恶鱼肉良民的人，是有智识的呀，还是没有智识的呢？诸君须知道啊：这些人当十几年前在学校的时代，意气横厉，天真烂漫，何尝不和诸君一样？为什么就会堕落到这样田地呀？屈原说的："何昔日之芳草兮，今直为此萧艾也！岂其有他故兮，莫好修之害也。"天下最伤心的事，莫过于看着一群好好的青年，一步一步往坏路上走。

诸君猛醒啊！现在你所厌所恨的人，就是你前车之鉴了。

诸君啊！你现在怀疑吗？沉闷吗？悲哀痛苦吗？觉得外边的压迫你不能抵抗吗？我告诉你：你怀疑和沉闷，便是你因不知才会惑；你悲哀痛苦，便是你因不仁才会忧；你觉得你不能抵抗外界的压迫，便是你因不勇才有惧。这都是你的知情意未经过修养磨炼，所以还未成个人。我盼望你有痛切的自觉啊！有了自觉，自然会自动。那么，学校之外，当然有许多学问，读一卷经，翻一部史，到处都可以发现诸君的良师呀！

诸君啊！醒醒罢！养足你的根本智慧，体验出你的人格人生观，保护好你的自由意志。你成人不成人，就看这几年哩！

(1922年12月27日苏州学生联合会讲演稿，原刊1923年1月15日《晨报副镌》)

我们的精神所在

我们先儒始终看得知行是一贯的，从无看到是分离的。后人多谓知行合一之说，为王阳明所首倡，其实阳明也不过是就孔子已有的发挥。孔子一生为人，处处是知行一贯。从他的言论上，也可以看得出来。他说"学而不厌"，又说"为之不厌"，可知"学"即是"为"，"为"即是"学"。盖以知识之扩大，在人努力的自为，从不像西人之从知识方法而求知识。所以王阳明曰："知而不行，是谓不知。"所以说这类学问，必须自证，必须躬行，这却是西人始终未看得的一点。

又儒家看得宇宙人生是不可分的。宇宙绝不是另外一件东西，乃是人生的活动。故宇宙的进化，全基于人类努力的创造。所以《易经》曰："天行健，君子以自强不息。"又看得宇宙永无圆满之时，故易卦六十四，始"乾"而以"未济"终。盖宇宙"既济"，则乾坤已息，还复有何人类？吾人在此未圆满的宇宙中，只有努力的向前创造。这一点，柏格森所见的，也很与儒家相近。他说宇宙一切现象，乃是意识流转所构成，方生已灭，方灭已生，生灭相衔，方成进化。这些生灭，都是人类自由意识发动的结果。所以人类日日创造，日日进化。这意识流转，就唤作精神生活，是要从内省直觉得来的。他们既知道变化流转，就是宇宙真相，又知道变化流转之权，操之在我。所以孔子曰："人能弘道，非道弘人。"儒家既看清了以上各点，所以他的人生观，十分美渥，生趣盎然。人生在此不尽的宇宙当中，不过是蜉蝣朝露一般，向前做得一点是一点，既不望其成功，苦乐遂不系于目的物，完全在我，真所谓"无入而不自得"。有了这种精神生活，再来研究任何学问，还有什么不成？那么，或有人说，宇宙既是没有圆满的时期，我们何不静止不作？好吗？其实不然。人既为动物，便有动作的本能，穿衣吃饭，也是要动的。既是人生非动不可，我们就何妨就我们所喜欢做的、所认为当做的做下去？我们最后的光明，固然是远在几千万年、几万万年之后，但是我们的责任，不是叫一蹴而就地到达目的地，是叫我们的目的地，日近一日。我们的祖宗，尧、舜、禹、汤、孔、孟……在他们的进行中，长的或跑了一尺，短的不过跑了数寸，积累而成，才有今日。我们现在无论是一寸半分,只要往前跑,才是。为现在及将来的人类受用,这都是不可逃的责任。孔子曰:"士不可以不弘毅。任重而道远。仁以为己任,不亦重乎?死而后已,不亦远乎?"所以我们虽然晓得道远之不可致,还是要努力的到死而后已。故孔子是"知其不可而为之者"。正为其知其不可而为,所以生活上才含着春意。若是不然,先计较它可为不可为,那么,情志便系于外物,忧乐便关乎得失,或竟因为计较利害的缘故,使许多应做的事,反而不做。这样,还哪里领略到生活的乐趣呢?

再其次,儒家是不承认人是单独可以存在的。故"仁"的社会,为儒家理想的大同社会。"仁"字,从二人。郑玄曰:"仁,相人偶也。"(《礼记注》)非人与人相偶,则"人"的概念不能成立。故孤行执异,绝非儒家所许。盖人格专靠各个自己,是不能完成。假如世界没有别人,我的人格,从何表现?譬如全社会都是罪恶,我的人格受了传染和压迫,如何能健全?由此可知人格是个共同的,不是孤零的。想自己的人格向上,唯一的方法,是要社会的人格向上。然而社会的人格,本是各个自己化合而成。想社会的人格向上,唯一的方法,又是要自己

清詩不敢私囊篋

杏村仁兄雅屬

明月豈肯留庭隅

丙寅六月 梁啟超

的人格向上。明白了这个,力和环境提携,便成进化的道理。所以孔子教人"己欲立,而立人。己欲达,而达人"。所谓立人达人,非立达别人之谓,乃立达人类之谓。彼我合组成人类,故立达彼,即是立达人类。立达人类,即是立达自己。更用"取譬"的方法,来体验这个达字,才算是"仁之方"。其他《论语》一书,讲仁字的,屡见不一见。儒家何其把仁字看得这么重要呢?即上面所讲的,儒家学问,专以研究"人之所以道"为本。明乎仁,人之所以道自见。孟子曰:"仁也者,人也。合而言之,道也。"盖仁之概念,与人之概念为相函。人者,通彼我而始得名。彼我通,乃得谓之仁。知乎人与人相通,所以我的好恶,即是人的好恶。我的精神中,同时也含有人的精神。不徒是现世的人为然,即如孔孟远在两千年前,他的精神,亦浸润在国民脑中不少。可见彼我相通,虽历百世不变。儒家从这一方面看得至深且切,而又能躬行实践。"无终食之间违仁"。这种精神,影响于国民性者至大。即此一份家业,我可以说真是全世界唯一无二的至宝。这绝不是用科学的方法,可以研究得来的,要用内省的工夫,实行体验,体验而后,再为躬行实践。养成了这副美妙的仁的人生观，生趣盎然地向前进，无论研究什么学问，管许是兴致勃勃。孔子曰"仁者不忧"，就是这个道理。不幸汉以后这种精神便无人继续的弘发，人生观也渐趋于机械。八股制兴，孔子的真面目日失。后人日称"寻孔颜乐处"，究竟孔颜乐处在哪里？还是莫名其妙。我们既然诵法孔子，应该好好保存这分家私——美妙的人生观——才不愧是圣人之徒啊！

此外我们国学的第二源泉，就是佛教。佛，本传于印度，但是盛于中国。现在大乘各派，五印全绝。正法一派，全在中国。欧洲人研究佛学的甚多，梵文所有的经典，差不多都翻出来。但向梵文里头求大乘，能得多少？我们自创的宗派，更不必论了。像我们的禅宗，真可算得应用的佛教，世间的佛教的确是印度以外才能发生，的确是表现中国人的特质，叫出世法与入世法并行不悖。他所讲的宇宙精微的确还在儒家之上。说宇宙流动不居，永无圆满，可说是与儒家相同。曰："一众生不成佛，我誓不成佛。"即孔子立人达人之意。盖宇宙最后目的，乃是求得一大人格实现之圆满相，绝非求得少数个人超拔的意思。儒佛所略不同的，就是一偏于现世的居多，一偏于出世的居多。至于它们的共同目的，都是愿世人精神方面，完全自由。现在自由二字，误解者不知多少。其实人类外界的束缚，它力的压迫，终有方法解除。最怕的是"心为形役"，自己做自己的奴隶。儒佛都用许多的话来教人，想叫把精神方面的自缚，解放净尽，顶天立地，成一个真正自由的人。这点，佛家弘发得更为深透，真可以说佛教是全世界文化的最高产品。这话，东西人士，都不能否认。此后全世界受用于此的正多，我们先人既辛苦地为我们创下这份产业，我们自当好好承受。因为这是人生唯一安身立命之具，有了这种安身立命之具，再来就性之所近的，去研究一种学问，那么，才算尽了人生的责任。

诸君听了我这夜的演讲，自然明白我们中国文化，比世界各国并无逊色。那一般沉醉西风，说中国一无所有的人，自属浅薄可笑。《论语》曰："人虽欲自绝，其何伤于日月乎？多见其不知量也！"这边的诸同学，从不对于国学轻下批评，这是很好的现象。自然，我也闻听有许多人讽刺南京学生守旧，但是只要旧的是好，守旧又何足诟病？所以我很愿此次的讲演，更能够多多增进诸君以研究国学的兴昧!

(节选自《治国学的两条大路》,1923年1月9日南京东南大学国学研究会讲演稿,李竞芳记录,原刊1923年1月23日《时事新报·学灯》)

我的人生观

诸君！我在这边讲学半年，大家朝夕在一块儿相处，我很觉得快乐。并且因为我任有一定的功课，也催逼着我把这部十万余言的《先秦政治思想史》著成，不然，恐怕要等到十年或十余年之后。中间不幸身体染有小病，即今还未十分复原，我常常恐怕不能完课，如今幸得讲完了！这半年以来，听讲的诸君，无论是正式选课或是旁听，都是始终不曾旷课，可以证明诸君对于我所讲有十分兴味。今当分别，彼此实在很觉得依恋难舍。因为我们这半年来，彼此人格上的交感不少。最可惜者，因为时间短促，以致仅有片面的讲授，没有相互的讨论。所谓教学相长，未能如愿做到！今天为这回最末的一次讲演，当作与诸君告别之辞。

诸君千万不要误解，说梁某人是到这边来贩卖知识，我自计知识之能贡献于诸君者实少。知识之为物，实在是无量的广漠，谁也不能说他能给谁以绝对不易的知识，顶多，亦只承认他有相对的价值。即如讲奈端罢，从前总算是众口同词地认为可靠，但是现在,安斯坦又几乎完全将他推倒。专门的知识,尚且如此,何况像我这种泛滥杂博的人并没有一种专门名家的学问呢。所以切盼诸君,不要说我有一艺之长,讲的话便句句可靠。最多,我想,亦只叫诸君知道我自己做学问的方法。譬如诸君看书,平素或多忽略不经意的地方,必要寻着这个做学问的方法,乃能事半功倍。真正做学问,乃是找着方法去自求,不是仅看人家研究所得的结果。因为人家研究所得的结果,终是人家的,况且所得的,也未必都对。讲到此处,我有一个笑话告诉诸君。记得在某一本小说里说:"吕纯阳下山觅人传道,又不晓得谁是可传,他就设法来试验。有一次,在某地方,遇着一个人,吕纯阳登时将手一指,点石成金,就问那个人要否,那人只摇着头,说不要。吕纯阳再点一块大的试他,那人仍是不为所动。吕纯阳心里便十分欢喜,以为道有可传的人了,但是还恐怕靠不住,再以更大的金块试他,那人果然仍是不要。吕纯阳便问他不要的原因,满心承望他答复一个热心向道,哪晓得那人不然!他说:'我不要你点成了的金块,我是要你那点金的指头,因为有了这指头,便可以自由点用。'"这虽是个笑话,但却很有意思，所以很盼诸君，要得着这个点石成金的指头——做学问的方法——那么，以后才可以自由探讨，并可以辨证师傅的是否。教拳术的教师最少要希望徒弟能与他对敌，学者亦当悬此为鹄，最好是要青出于蓝而胜于蓝。若仅仅是看前人研究所得，而不自行探讨，那么，得一便不能知其二。且取法乎上，得仅在中，这样，学术岂不是要一天退化一天吗？人类知识进步，乃是要后人超过前人。后人应用前人的治学方法，而复从旧方法中，开发出新方法来，方法一天一天的增多，便一天一天的改善。拿着改善的新方法去治学，自然会优于前代。我个人的治学方法，或可以说是不错，我自己应用来也有些成效。可惜这次全部书中所说的，仍为知识的居多，还未谈做学的方法。倘若诸君细心去看，也可以寻找得出来。既经找出，再循着这方法做去，或者更能发现我的错误，或是来批评我，那就是我最欢喜的。

我今天演讲，不是关于知识方面的问题。诚然，知识在人生地位上，也是非常紧要，我从来并未将它看轻。不过，若是偏重知识，而轻忽其他人生重要之部，也是不行的。现在中国的学校，简直可说是贩卖知识的杂货店，文哲工商，各有经理，一般来求学的，也完全以顾客自命，固然欧美也同坐此病，不过病的深浅，略有不同。我以为长此以往，一定会发生不好的现象。中国现今政治上的窳败，何尝不是前二十年教育不良的结果？盖二十年前的教育，全采用日德的军队式，并且仅能袭取皮毛，以至造成今日一般无自动能力的人！现在哩，教育是完全换了路了，美国式代日式、德式而兴，不出数年，我敢说是全部要变成美国化，或许我们这里——东南大学——就是推行美化的大本营。美国式的教育，诚然是比德国式、日本式的好，但是毛病还很多，不是我们理想之鹄。英人罗素回国后，颇艳称中国的文化，发表的文字很多，他非常盼望我们这占全人类四分之一的特殊民族，不要变成了美国的"丑化"。这一点可说是他看得很清楚。美国人切实敏捷，诚然是他们的长处。但是中国人即使全部将它移植过来，使纯粹变成了一个东方的美国，慢讲没有这种可能，即能，我不知道诸君怎样，我是不愿的。因为倘若果然如此，那真是罗素所说的，把这有特质的民族，变成了丑化了。我们看得很清楚，今后的世界，决非美国式的教育所能域领。现在多数美国的青年,而且是好的青年,所作何事?不过是一生到死,急急忙忙的,不任一件事放过:忙进学校,忙上课,忙考试,忙升学,忙毕业,忙得文凭,忙谋事,忙花钱,忙快乐,忙恋爱,忙结婚,忙养儿女,还有最后一忙——忙死。他们的少数学者,如詹姆士之流,固然总想为他们别开生面,但是大部分已经是积重难返。像在这种人生观底下过活,那么,千千万万人,前脚接后脚地来这世界上走一趟,住几十年,干些什么哩?唯一无二的目的,岂不是来做消耗面包的机器吗?或是怕那宇宙间的物质运动的大轮子,缺了发动力,特自来供给它燃料?果真这样,人生还有一毫意味吗?人类还有一毫价值吗?现在全世界的青年,都因此无限的凄惶失望,知识愈多,沉闷愈苦。中国的青年,尤为厉害。因为政治社会不安宁,家国之累,较他人为甚。环顾宇内,精神无可寄托。从前西人唯一维系内心之具,厥为基督教。但是科学昌明后,第一个致命伤,便是宗教。从前在苦无可诉的时候,还得远远望着冥冥的天堂。现在呢,知道了,人类不是什么上帝创造,天堂更渺不可凭,这种宗教的麻醉剂,已是无法存在。讲到哲学吗,西方的哲人,素来只是高谈玄妙，不得真际，所足恃为人类安身立命之具，也是没有。再如讲到文学吗，似乎应该少可慰藉。但是欧美现代的文学，完全是刺激品，不过叫人稍醒麻木。但一切耳目口鼻所接，都足陷人于疲敝，刺激一次，疲麻的程度又增加一次。如吃辣椒然，浸假而使舌端麻木到极点，势非取用极辣的胡椒来刺激不可。这种刺激的功用，简直如有烟癖的人，把鸦片或吗啡提精神一般。虽精神或可暂时振起，但是这种精神，不是鸦片和吗啡带得来的，是预支将来的精神。所以说一次预支，一回减少，一番刺激，一度疲麻。现在他们的文学，只有短篇的最合胃口。小诗两句或三句，戏剧要独幕的好。至于荷马、但丁、屈原、宋玉，那种长篇的作品，可说是不曾理会。因为他们碌碌于舟车中，时间来不及，目的只不过取那种片时的刺激，大大小小，都陷于这种病的状态中，所以他们一般有先见的人，都在惶惶求所以疗治之法。我们把这看了，那么，虽说我们在学校应求西学，而取舍自当有择。若是不问好歹，必无条件的移植过来，岂非人家饮鸩，你也随着服毒，可怜可笑孰甚！

　　近来国中青年界很习闻的一句话，就是"知识饥荒",却不晓得还有一个顶要紧的"精神饥荒"在那边。中国这种饥荒,都闹到极点。但是只要我们知道饥荒所在,自可想方法来补救。现在精神饥荒,闹到如此,而人多不自知,岂非危险! 一般教导者,也不注意在这方面提倡,只天天设法怎样将知识去装青年的脑袋子。不知道精神生活完全,而后多的知识才是有用。苟无精神生活的人,为社会计,为个人计,都是知识少装一点为好。因为无精神生活的人,知识愈多,痛苦愈甚,做歹事的本领也增多。例如黄包车夫,知识粗浅,他绝没有有知识的青年这样的烦闷,并且作恶的机会也很少。大奸慝的卖国贼,都是知识阶级的人做的。由此可见没有精神生活的人,有知识实在危险。盖人苟无安身立命之具,生活便无所指归,生理心理,并呈病态。试略分别言之:就生理言,阳刚者必至发狂自杀,阴柔者自必萎靡沉溺。再就心理言,阳刚者便悍然无顾,充分的恣求物质上的享乐。然而欲望与物质的增加率,相竞腾升,故虽有妻妾宫室之奉,仍不觉得快乐。阴柔者便日趋消极,成了一个竞争场上落伍的人,凄惶失望,更为痛苦。故谓精神生活不全,为社会,为个人,都是知识少点的为好。因此我可以说为学的首要，是救精神饥荒。

救济精神饥荒的方法，我认为东方的——中国与印度——比较最好。东方的学问，以精神为出发点；西方的学问，以物质为出发点。救知识饥荒，在西方找材料；救精神饥荒，在东方找材料。东方的人生观，无论中国印度，皆认物质生活为第二位；第一，就是精神生活。物质生活，仅视为补助精神生活的一种工具，求能保持肉体生存为已足；最要，在求精神生活的绝对自由。精神生活，贵能对物质界宣告独立；至少，要不受其牵制。如吃珍味，全是献媚于舌，并非精神上的需要。劳苦许久，仅为一寸软肉的奴隶，此即精神不自由。以身体全部论，吃面包亦何尝不可以饱？甘为肉体的奴隶，即精神为所束缚。必能不承认舌——一寸软肉为我，方为精神独立。东方的学问道德，几全部是教人如何方能将精神生活对客观的物质或己身的肉体宣告独立。佛家所谓解脱，近日所谓解放，亦即此意。客观物质的解放尚易，最难的为自身——耳目口鼻……的解放。西方言解放，尚不及此，所以就东方先哲的眼光看去，可以说是浅薄的，不彻底的。东方的主要精神，即精神生活的绝对自由。

求精神生活绝对自由的方法，中国、印度不同。印度有大乘小乘不同，中国有儒墨道各家不同。就讲儒家，又有孟荀朱陆的不同。任各人性质机缘之异，而各择一条路走去。所以具体的方法，很难讲出。且我用的方法，也未见真是对的，更不能强诸君从同。但我自觉烦闷时少，自二十余岁到现在，不敢说精神已解脱，然所以烦闷少，也是靠此一条路，以为精神上的安慰。至于先哲教人救济精神饥荒的方法，约有两条：

（一）裁抑物质生活，使不得猖獗，然后保持精神生活的圆满。如先平盗贼，然后组织强固的政府。印度小乘教，即用此法。中国墨家、道家的大部，以及儒家程朱，皆是如此。以程朱为例：他们说的持敬制欲，注重在应事接物上裁抑物质生活，以求达精神自由的境域。

（二）先立高尚美满的人生观，自己认清楚将精神生活确定，靠其势力以压抑物质生活。如此，不必细心检点，用拘谨功夫，自能达到精神生活绝对自由的目的。此法可谓积极的，即孟子说："先立乎其大者，则其小者不能夺也。"不主张一件一件去对付。且不必如此，先组织强固的政府，则地方自安。即有小丑跳梁，不必去管，自会消灭，如雪花飞近大火，早已自化了。此法佛家大乘教，儒家孟子陆王皆用之。所谓"浩然之气"，即是此意。

以上二法，我不过介绍与诸君，并非主张诸君一定要取某种方法。两种方法虽异，而认清精神要解脱这一点却同。不过说青年时代应用的，现代所适用的，我以为采积极的方法较好。就是先立定美满的人生观，然后应用之以处世。至于如何的人生观方为美满，我却不敢说。因为我的人生观，未见得真是对的；恐怕能认清最美满的人生观，只有孔子、释迦牟尼有此功夫。我现在将我的人生观讲一讲，对不对，好不好，另为一问题。

我自己的人生观，可以说是从佛经及儒书中领略得来。我确信儒家佛家有两大相同点：

（一）宇宙是不圆满的，正在创造之中，待人类去努力，所以天天流动不息，常为缺陷，常为未济。若是先已造成——既济的，那就死了，固定了，正因其在创造中，乃如儿童时代，生理上时时变化。这种变化，即人类之努力。除人类活动以外，无所谓宇宙。现在的宇宙，离光明处还远，不过走一步比前好一步。想立刻圆满，不会有的。最好的境域——天堂、大同、极乐世界——不知在几千万年之后，决非我们几十年生命所能做到的。能了解此理，则做事自觉快慰。以前为个人为社会做事，不成功或做坏了，常感烦闷。明乎此，知做事不成功，是不足忧的。世界离光明尚远，在人类努力中，或偶有退步，不过是一现相。譬如登山，虽有时下，但以全部看仍是向上走。青年人烦闷，多因希望太过。知政治之不良，以为经一次改革，即行完满，及屡试而仍有缺陷，于是不免失望。不知宇宙的缺陷正多，岂是一步可升天的？失望之因，即根据于奢望过甚。《易经》说："乐则行之，忧则违之，确乎其不可拔！"此言甚精彩。人要能如此看，方知人生不能不活动。而有活动，却不必往结果处想，最要不可有奢望。我相信孔子即是此人生观，所以"发愤忘食，乐以忘忧，不知老之将至"。他又说："智者乐水，仁者乐山，智者动，仁者静，智者乐，仁者寿。"天天快活，无一点烦闷气象。这是一件最重要的事。

（二）人不能单独存在，说世界上哪一部分是我，很不对的。所以孔子"毋我"，佛家亦主张"无我"。所谓无我，并不是将固有的我压下或抛弃，乃根本就找不出我来。如说几十斤的肉体是我,那么,科学发明,证明我身体上的原质,也在诸君身上,也在树身上。如说精神的某部分是我,我敢说今天我讲演,我已跑入诸君精神里去了。常住学校中许多精神,变为我的一部分。读孔子的书及佛经,孔佛的精神,又有许多变为我的一部分。再就社会方面说,我与我的父母妻子,究竟有若干区别?许多人——不必尽是纯孝——看父母比自己还重要,此即我父母将我身之我压小。又如夫妇之爱,有妻视其夫,或夫视其妻,比己身更重的。然而何为我呢?男子为我,抑女子为我?实不易分。故彻底认清我之界限,是不可能的事(此理佛家讲得最精,惜不能多说)。世界上本无我之存在,能体会此意,则自己做事,成败得失,根本没有。佛说:"有一众生不成佛,我不成佛!""我不入地狱,谁入地狱?"至理名言,洞若观火。孔子也说:"诚者非但诚已而已也。"将为我的私心扫除,即将许多无谓的计较扫除。如此,可以做到"仁者不忧"的境域。有忧时,就是"先天下之忧而忧"。为人类——如父母、妻子、朋友、国家、世界——而痛苦,免除私忧,即所以免烦恼。

我认东方宇宙未济人类无我之说,并非论理学的认识,实在如此。我用功虽少,但时时能看清此点,此即我的信仰。我常觉快乐,悲愁不足扰我,即此信仰之光明所照。我现已年老,而趣味淋漓,精神不衰,亦靠此人生观。至于我的人生观,对不对,好不好,或与诸君的病合不合,都是另外一问题。我在此讲学,并非对于诸君有知识上的贡献。有呢,就在这一点。好不好,我自己也不知道。不过诸君要知道自己的精神饥荒,要找方法医治。我吃此药,觉得有效,因此贡献诸君采择。世界的将来,要靠诸君努力!

(节选自《东南大学课毕告别辞》,1923年1月13日南京东南大学讲演稿,李竞芳、王觉新笔记,原刊1923年1月20日《时事新报·学灯》)

图书在版编目（CIP）数据

趣味主义 / 梁启超著. -- 杭州：浙江人民美术出版社，2024.1
（湖山艺丛）
ISBN 978-7-5751-0028-1

Ⅰ. ①趣… Ⅱ. ①梁… Ⅲ. ①梁启超（1873-1929）—文集 Ⅳ. ①B259.1-53

中国国家版本馆CIP数据核字(2023)第236691号

策划编辑：郭哲渊
责任编辑：徐寒冰
责任校对：黄　静
助理校对：徐娟娟
责任印制：陈柏荣

湖山艺丛

趣味主义

梁启超　著

出版发行：浙江人民美术出版社
（杭州市体育场路347号）
经　　销：全国各地新华书店
制　　版：杭州真凯文化艺术有限公司
印　　刷：杭州佳园彩色印刷有限公司
版　　次：2024年1月第1版
印　　次：2024年1月第1次印刷
开　　本：787mm×1092mm　1/32
印　　张：4.375
字　　数：120千字
书　　号：ISBN 978-7-5751-0028-1
定　　价：28.00元

如发现印装质量问题，影响阅读，请与出版社营销部联系调换。

湖山艺丛

黄宾虹画语录　黄宾虹 著　王伯敏 编

画法要旨　黄宾虹 著

美育与人生　蔡元培 著

趣味主义　梁启超 著

中国画之价值　陈师曾 著　高昕丹 编

画苑新语　郑午昌 著

听天阁画谈随笔　潘天寿 著

中国传统绘画的风格　潘天寿 著

画微随感录　吴㕟之 著

中国画理概论　吴㕟之 著

近三百年的书学　沙孟海 著

为什么研究中国建筑　梁思成 著

师道：吴大羽致吴冠中、朱德群、赵无极书信集　吴大羽 著

大羽随笔　吴大羽 著　李大钧 编

中国建筑的几个特征　林徽因 著

中国画的特点　傅抱石 著

山水画的写生与创作　傅抱石 著　伍霖生 记录整理

生活　传统　修养　李可染 著

非翁画语录　陆抑非 著

什么叫做古典的？　傅雷 著

观画答客问　傅雷 著　寒碧 编

山水画刍议　陆俨少 著

论书随笔　启功 著

学习书法的十三个问题　启功 著

中国山水画简史　王伯敏 著

中国山水画的特点　王伯敏 著

黄宾虹的山水画　王伯敏 著

篆刻的形式美　刘江 著

文化与书法　欧阳中石 著　欧阳启名 编

笔墨之道　童中焘 著

中国画与中国文化　童中焘 著

书法的形式与创作　胡抗美 著

望境　许江 著

先生　许江 著

架上话　许江 著

书法"新时代"和新思维　陈振濂 著